기획자와 사용자가 함께 구현한다

한 번에 완성되지 않는다

（　기술이 아니라 태도다　）

환대를 표현하는 방법이다

매일 쓰는 평등이다

작은 설계로 만드는 큰 존엄이다

'쓸 수 있음'의 영역을 넓힌다

평등을 향한 상상력이다

사회가 함께 양육하는 생물이다

모두를 위한
디자인은
(　　　　　)

표지 설명

하얀색 바탕의 상단과 하단에 색이 다른 두 개의 직사각형이 있다.
두 개의 직사각형은 크기가 같은데, 바탕을 거의 가득 채우고 있어
테두리의 사면이 마치 하얀색 액자처럼 보인다.

상단에 있는 직사각형은 차분한 하늘색에 옅은 회색 세로줄
무늬로 채워져 있다. 그 위에 놓인 제목은 검은색으로 처리되어
있는데, 제목 아래에 검은색 빈 괄호가 있다. 책 표지를 넘기면
나타나는 아홉 가지 문장이 괄호 안에 들어갈 수도 있고, 독자들이
자유롭게 상상하는 표현이 자리를 채울 수도 있다. 모두를 위한
디자인을 함께 만들어 가자는 의도를 표현한다.

하단에는 산뜻한 녹색 직사각형이 있다. 그 안에 하얀색 의자
두 개가 나란히 놓여 있다. 두 의자는 한 가지 차이점을
제외하고 같은 모양이다. 둥글게 처리된 팔걸이 한쪽이 교차해
이어지고 있어 마치 사이좋게 팔짱을 낀 듯한 모습이다.

왼쪽 의자의 다리는 네 개, 오른쪽 의자의 다리는 세 개다.
의자에서 다리 하나가 빠지면 기울어진다고 생각할 수 있다. 하지만
다리가 세 개여도 넘어지지 않는 의자도 있다. 균형을 잡는 방법이
다르기 때문이다. 두 의자는 2025년 부산현대미술관에서 열린 전시
〈열 개의 눈〉에서 소개된 새로운 감각에 대한 상징성을 표현한다.

일러두기

이 책의 문단 모양은 좌측 정렬을 반영해 난독증이 있는 독자도
문장의 끝 지점을 쉽게 파악할 수 있도록 했다.

모두를 위한
디자인은

(   )

5년간 9개국 300명의 사람들을
인터뷰하며 깨달은
차별 없는 디자인 사고법

김병수 지음

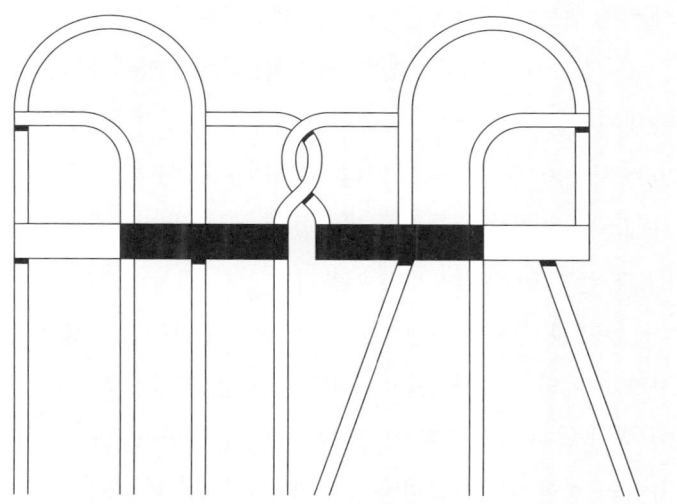

추천사

이 책에 쏟아진 찬사

'기준점'이라는 단어를 보고 한참 멈춰 있었다. '나' 아닌 누군가의 신체와 감각, 삶의 방식을 기준으로 설계된 세상에서 선천적 시각장애인으로서 나는 늘 '조금 다른 방식으로' 세상과 마주해 왔다. 저자는 우리가 너무도 익숙하게 받아들여 온 기준점을 다시 바라보고, 확장하고, 때로는 새롭게 설계할 수 있음을 제안한다.

겉으로 드러나지 않는 인지적·심리적 장애, 앉은 자세에서는 닿지 않는 냉장고 손잡이, 손끝에 힘을 줄 수 없는 사용자의 스마트폰 인터랙션까지……. 이 책의 사례들은 우리가 마주하는 것이 기술의 문제가 아니라 '삶'과 '존엄'의 문제임을 일깨운다.

재활 공학을 연구해 온 공학자로서 그리고 기술과 사람 사이의 간극을 좁히기 위해 애써 온 실천가로서, 이 책이 던지는 질문과 방향성에 깊이 공감한다. "모든 사람의 경험에는 아름다움이 존재한다"라는 메시지는,

우리 사회가 기술을 통해 도달해야 할 진짜 목표가 무엇인지를 묻는다. 디자인과 기술, 기획과 교육의 현장에 있는 모든 분께 이 책을 진심으로 추천한다.

가현욱 KAIST 융합인재학부 교수

'우리는 그동안 잘해 왔을까?' 저자는 일관되게 질문을 던진다. 이 책은 다양한 환경의 사용자 이야기를 통해 우리가 설계한 경험이 어떻게 연결되고 있는지 다시 한번 생각하게 한다. 제품과 서비스의 포용적 디자인이 서로 다른 삶의 방식을 고려할 때 소비자에게 '당연한' 선택권과 경험을 보장할 수 있다. 이 책을 통해 포용적 디자인을 만들어 갈 모두가 자연스러운 경험을 하기를 기대한다.

김혜일 카카오 최고접근성책임자

특정한 몸, 계급, '정상성'에 속하는 존재만을 환영하는 도시에 살아가며 때로 조급해지곤 한다. 나는 언제 환영받을 수 있을까? 그런 날이 오기는 할까? 환영받지 못하는 어린이들은 어떤 어른으로 자랄까? 어떤 이는 '모두가 함께하는 미래'를 그리겠다고 말한다. 하지만 우리에게는 '지금'이 중요하다. 책을 펼치자 유예된 미래가 아닌 선명한 현실이 파도처럼 밀려왔다. 다양한 몸을 기다리는 놀이터가, 심리적 장벽을 낮추는 도서관이, 지역

주민이 만들어 가는 박물관이 생동한다. 물결에 휩쓸리듯
단숨에 읽어 내렸고, 하나의 문장만이 머릿속을 맴돈다.
당장, 이곳에서도 가능한 현실이라고.

김지우 《우리의 활보는 사치가 아니야》 저자

나의 몸은 장소에 따라 제약을 받거나
통제당하기도 했다. 반면 자유롭게 유영하듯 가능성으로
가득 찬 몸을 발견할 때도 있다. 시설의 차이에서
비롯하는 경험의 차이를 오롯이 개인이 감당해야 할
미션으로 여기는 사회에서 치열하게 버텨 왔다. 하지만
어떤 공간에 익숙해진다는 것은 혼자만의 몫이 아니다.
책을 읽는 내내 곳곳에 다채로운 몸이 숨 쉬고
있음을 느낄 수 있었다. 공간이 환대함을 확신할 때 어느
때보다 생기 있는 나의 움직임을 발견한다. 이 책은
'시설'과 '시선'의 조화가 유연한 일상을 창조할 수 있음을
일깨운다.

허우령 KBS 앵커

시각장애인 건축가 크리스 도우니는 세상에 두
부류의 사람이 존재한다고 말한다. '장애가 있는 사람'과
'아직 자신의 장애를 발견하지 못한 사람.' 그의 관점에서
보면 우리는 모두 장애인이다. 정도의 차이는 있겠지만,
물리적·사회적·정서적 측면에서 누구나 제약을 안고

살아간다. 이 책은 바로 그런 인식에서 출발한다. 장애인을 '타자'가 아닌 '나' 또는 '우리'로 바라보게 하며, 모두의 행복을 위한 포용적 디자인의 구체적 기준을 제시한다. 특히 "놀이 공간은 '사용자와 사물의 교류'가 아니라 '사람과 사람 사이의 교류'를 지향해야 한다"라는 문장은 깊은 울림을 전한다. 진정한 포용이란 무엇인지, 우리가 만들어 갈 세상이 어떤 모습이어야 하는지 명확히 보여 주는 책이다.

김주연 홍익대학교 미술대학 산업디자인과 교수
제1대 서울시 총괄 공공디자이너

저자는 보이지 않는 감각, 말해지지 않던 경험, 드러나지 않던 불편을 직시하게 한다. 그것이 왜 디자인의 몫이어야 하는지를 보여 준다. '기본만 돼도 괜찮다'라는 익숙한 생각에 머물러 있던 내게 이 책은 '최적의 경험'을 치열하게 구현하는 디자인이 인간 존엄을 위한 실천이라는 통찰을 전해 줬다. 디자인의 지향점을 고민하는 분들과 함께 읽고 싶은 책이다.

이장섭 서울대학교 미술대학 디자인과 교수

이제는 접근성이 전부가 아니다. 이 책은 접근성을 '포용성'이라는 더 넓은 언어로 확장하면서 디자인의 새로운 방향을 제시한다. 존중의 자세에서 출발하는 이

책은 아름다움과 공감, 창의성까지 사유의 장으로
끌어들인다. '인간의 존엄'이라는 가치를 진지하면서도
유쾌하게 바라보려는 모든 이를 위한 따뜻한 안내서가
되리라 기대한다.

이일호 연세대학교 법학연구원 연구교수

존재에 대한 있는 그대로의 존중은 참여와 협력을
통한 디자인 혁신과 삶의 변화를 이끈다. 이 책은 우리가
온전한 인간성에 근접하는 길을 안내한다. 책 전체를
관통하는 휴머니티와 공존에 기초한 관점은 기술 문명
우위의 불확실한 미래가 어떻게 온기를 머금을 수 있을지
설계의 가능성을 넓힌다.

강승완 부산현대미술관 관장

아름다운 공공 공간의 힘을 믿으며 일하다 보니,
공들여 만든 공간이 더 많은 사람에게 열리길 바라는
마음이 자연스럽게 생겼다. 포용적 디자인을 꾸준히
고민해 온 저자 덕분에 새로운 기준과 관점을 비롯해
게으른 마음 대신 상상력이 필요하다는 것을 배워 가고
있다. 완벽함보다 태도가 더 중요하다고 다정히 손 내미는
이 책이 참 반갑고 고맙다. 이 책을 통해 이어 갈 새로운
대화들을 기대한다.

엄윤미 도서문화재단 씨앗 최고전략책임자

장애가 '장애'가 되지 않는 세상을 위해 배리어 프리(Barrier-Free) 인증제가 생겼지만 그것만으로는 어렵겠다는 한계를 느낄 즈음에 저자를 만났다. 사람의 필요를 살피려는 섬세한 시선과 통찰, 디자인이 전하는 환대와 치유의 감동도 그때 알았다. 우리에게는 배리어 프리를 넘어 진심으로 교감하는 '소울 프리(Soul-Free)'가 필요하다.

이정주 경기도장애인복지종합지원센터 누림 센터장

프롤로그

모두를 위한 디자인의 시대

2016년 미국의 시각장애인 기예르모 로블레스Guillermo Robles는 피자 앱에서 맞춤형 피자를 주문하려고 했다. 흔히 '반반 피자'라고 부르는 것처럼 두 가지 피자를 섞어서 주문할 생각이었다. 스크린 리더로 음성 정보를 듣고 앱을 실행하려고 시도를 거듭했으나 그는 결국 주문에 실패했다. 로블레스는 해당 피자 브랜드를 대상으로 미국 장애인법을 웹사이트와 모바일 앱에도 적용해야 한다는 내용의 소송을 제기했고, 재판은 대법원까지 이어졌다. 결과는 그의 승리였다.

    2023년 7월 한국의 한 드라마에 전통 복장을 한 아랍인 역할의 남성이 등장했다. 드라마는 이 캐릭터가 술집에서 술을 마시는 장면을 연출하고 바람둥이로 묘사했다. 이러한 전개는 문화 이해도가 낮은 설정으로 많은 시청자의 질타를 받았다. 이에 해당 방송사는 공식 사과문을 게재했으며, 아랍권에서는 온라인 뉴스에 보도될 정도로 관심을 끌었다.

　　　　기획이나 마케팅 담당자라면 식은땀을 흘릴 법한 상황이다. 위 사례에서 알 수 있듯이, 제품이나 콘텐츠의 적절성을 감각하는 소비자의 수준과 민감도는 날이 갈수록 높아지고 있다. 웹 영역에서는 소송도 활발하다. 2013년부터 미국 장애인법에 따라 제기된 소송 건수를 추적해 온 세이파스 쇼Seyfarth Shaw 로펌에 따르면 2021년 1만 1,400명 이상이 장애인 차별 소송을 제기했다. 2013년 대비 320% 증가한 수치다.

　　　　기업과 협업할 때 프로젝트 담당자들이 자주 요청하는 사항이 있다. '의사 결정권자를 설득하기 위해', '포용적 설계를 하지 않을 때의 위험성을 실무자들에게 전달해야 하니' 프레젠테이션 서두에 왜 포용적인 디자인이 필요한지 근거 자료를 밝혀 달라는 것이다. 이윤을 추구하는 기업을 설득하려면 경제적으로 어떤 장단점이 있는지를 강조하는 방법이 용이하고, 이때 리스크와 관련한 이야기는 효과적이다.

　　　　그렇다면 장애인이나 다양한 인종을 고려한 설계는 위험성 관리를 위한 것인가? 혹시 모를 막대한 손실에 대비하기 위해서? 요즘 세대가 다양성이나 포용성을 중시하니 이들의 이목을 끌려는 방편으로?

　　　　포용적 디자인을 수단으로만 생각한다면 본질을 놓친 것이다. 이와 관련해 시각장애인 건축가 크리스 도우니Chris Downey의 말을 빌리고 싶다. "모든 사람의 경험에는 아름다움이 존재한다." 어떤 조건이나 맥락에 따라 소외될 수 있는 우리 모두에게 해당하는 말이다.

  지금까지 만난 인터뷰이 중 누가 가장 기억에 남느냐는 질문을 받으면 주저 없이 크리스 도우니를 꼽는다. 그는 접근성을 고려하는 디자인이 어떤 차원이어야 하는지 깨닫게 해 줬다. 접근성이란 모든 사람이 제품, 서비스, 환경 또는 시설을 이용할 수 있는 정도를 말한다. TED 영상 〈Design with the blind in mind〉에서 그를 처음 알게 됐다. 45세까지 건축가로서 평탄하게 살던 그는 뇌종양 수술 후유증으로 전맹◉시각장애인이 됐다. 도면을 '눈으로' 봐야만 하는 입장에서 대체 어떻게 건축가의 직무를 수행한단 말인가? 접근성을 어떻게 정의할 수 있을지 물었을 때, 그는 '삶의 생동감'을 이야기했다.

"빌딩과 공원 등 도시 여기저기를 보거나 듣지 않는 방식으로 감각하는 사람들의 경험에 존재하는 아름다움과 기쁨에 어떻게 말을 걸 수 있을까? 이렇게 생각하면 접근성 디자인은 단순히 접근을 허가하는 수준이 아니라 누군가의 삶을 생동감

◉ 시력이 0으로, 빛을 지각하지 못하는 시각장애를 말한다. 저시력 장애인과 달리 앞이 전혀 보이지 않는 경우를 이르는 표현이다.

있게 하는 긍정적인 행위가 됩니다."

　　　－크리스 도우니, MSV 소셜임팩트 시리즈 02 《직업》 중

　　　　모든 사람의 경험에는 '아름다움과 기쁨'이 존재한다. 너무 당연한 말 아닌가. 꽤 많은 설계자가 이를 간과한다. 사용자가 장애인이니까, 요양 시설에 있으니까, 나이가 너무 많으니까 그들이 접하는 것은 '기본만 돼도 괜찮다'라는 생각을 은연중에 전제한다. 하지만 우리 모두에게는 주어진 시간을 최적의 경험으로 누릴 권리가 있다. 크리스 도우니를 만나고 반년 정도 뒤 새로운 인터뷰에서 그의 이야기와 꼭 닮은 의견을 들었다.
　　　　미국 플로리다 템파Tempa의 도심에는 글레이저어린이박물관Glazier Children's Museum이 있다. 0세부터 10세까지의 아동이 주 방문자로, 이곳에서는 직접 만지거나 기어오르거나 잡아당기면서 공간을 자유롭게 탐색하며 경험할 수 있다. 다양한 체험형 전시와 프로그램을 운영하는데, 그중 '선샤인 스쿼드Sunshine Squad'는 자폐성장애가 있는 10대를 위한 활동이다. 일종의 클럽 활동으로 예술 활동, 과학 실험, 산책, 놀이 등을 통해 서로 어울릴 수 있도록 다양한 프로그램을 마련하고 있다.
　　　　이러한 프로그램을 찾는 부모의 상당수는 아이를 맡기고 '오늘도 무사히 하루를 보냈다', '이번 한 주 잘 지나갔네' 하고 안도하곤 한다. 그러나 마케팅 부문 최고

책임자인 케이트 화이트Kate White는 이렇게 말한다. "우리는 누구나 그저 그런 하루가 아니라 행복한 하루를 보낼 권리가 있습니다." 잘 버텼다는 사실만으로 만족하는 하루가 아니라, 정말 최고의 시간으로 기억될 하루 말이다. 바로 이런 경험을 전달하는 것이야말로 설계자의 역할 아닐까?

  요즘 '모두를 위한'이라는 말을 많이 사용한다. 디자인도 예외가 아니다. 그런데 '모두를 위한'이라는 말에는 상당한 역설이 숨어 있다. 어떤 전문가도 제품과 서비스의 타깃을 뾰족하게 좁히라고 하지, 처음부터 폭넓게 펼치라고 하지 않는다. 모두를 위한 것은 곧 타깃 없이 방황하는 일이 될 수 있기 때문이다.
  그렇다면 모두를 위한 디자인은 실제 어떤 의미인가? 여기에는 '경험' 또는 '접근'이라는 말이 생략돼 있다. 다시 말해 모두의 경험을 위한 디자인 또는 모두가 접근할 수 있는 디자인이다. 특정 사용자의 취향을 고려한 조형, 색감, 언어는 차별화돼야 한다. 그러나 제품과 서비스를 통해 얻는 경험과 접근에 관련해서는 특별한 안전상의 이유가 아닌 이상 누구도 배제하지 않도록 하는 것이다.
  제품과 서비스의 경험은 시작과 중간과 끝, 그리고 이후에 이르기까지 매우 세밀한 단계로 나눌 수 있다.

각 단계에서 저마다 느끼는 감정은 다를 수 있겠지만, 접근 가능한 범위와 수준은 공평해야 한다.

그래서 모두를 위한 디자인은 신체적, 정신적 조건이 각기 다른 개인들에게 최적의 경험을 전달하고자 하는 디자인이다. 추상적인 외침이 아니라 그동안 소외돼 온 사용자들이 개발 단계에서부터 참여해 함께 변화를 만들어 가는 과정 중심의 방법론이자 지향점이다.

가령 어떤 사람이 차량으로 원하는 장소까지 이동하기 위한 서비스를 개발한다고 해 보자. 모두를 위한 디자인은 이동에서 소외됐던 사람들을 발견하고, 이들에게 적합한 방법을 고안해 신체적·정신적 특성과 관계없이 누구나 이동이라는 목적을 달성할 수 있도록 한다. 한번 생각해 보자. 시각장애인은 정류장에서 어떻게 버스 번호를 확인할 수 있을까? 휠체어 이용자는 택시에 어떻게 탑승할까? 지하철이 사고로 지연된다는 안내 방송의 정보를 농인은 어떤 방법으로 알 수 있을까?

모두를 위한 디자인은 기존에 중점적으로 고려하지 않았던 사용자들을 개발 과정에 우선적으로 포함한다. 이것이 사용자에 대한 비배제성의 원리다. 다양한 특성을 지닌 사람들이 모두 사용자가 될 수 있음을 전제한다.

점진성은 모두를 위한 디자인의 또 다른 특징이다. 수정과 보완의 가능성을 열어 두고 지속적으로 완성도를 높여 가는 것을 의미한다. 단 한 번의 설계로 다양한 스펙트럼의 사용자를 모두 만족시킬 수는 없다. 사용자 피드백을 지속적으로 반영하는 과정을 거쳐 개선해 나가는 것이다.

1장에서는 기준점 Standard 다시 보기를 제안한다. 당연하다고 생각해 온 것들이 특정 기준에 맞춰 제작됐고, 그로 인해 배제되는 사람들이 있음을 이야기한다. 2장에서는 우리가 발견하지 못하고 지나쳐 온 숨겨진 영역에 주목한다. 접근성을 고려하는 설계는 주로 겉으로 드러나는 문제에 초점을 맞춰 왔다. 하지만 우리 주변에는 ADHD, 공황장애, 난독증 등과 함께 살아가며 보이지 않는 장벽을 경험하는 사람들이 있다.

3장부터는 이에 대한 이해를 바탕으로 문제를 해결해 나가는 방법을 다룬다. 장애인 참여의 중요성을 강조하는 표현인 "Nothing about us without us"처럼 사용자가 참여하는 프로젝트 과정이 왜 중요한지, 어떻게 참여를 촉진할 수 있을지 논의한다. 4장에서는 공통점을 발견해 아이디어를 발전시킨 사례와 방법을, 마지막으로 5장에서는 궁극적으로 우리가 추구해야 할 본질에 대해 다룬다. 기획과 설계에서 진정으로 지향해야 할 가치는 무엇인가? 인간의 존엄성은 모든 과정의 밑바탕이 되어야 할 본질적인 가치다. 자유의지와 선택권은 존엄을 실현하기 위한 필수 요소다. 이러한 가치를 놓친다면 결코 좋은 설계라고 할 수 없다.

이 책이 흥미로운 사례를 접하고 한 층의 앎을 쌓는 것을 넘어 배제돼 온 사용자를 아우르는 제품, 공간, 서비스를 설계할 수 있도록 생각을 확장하는 계기가 되길 바란다. 순서를 염두에 두기는 했지만, 관심이 가는 소재를 부분적으로 들여다봐도 좋다. 책을 관통하는 맥락을 이해하고 앞으로의 디자인과 기획을 새롭게 바라볼 수 있기를 기대한다. 신호등, 턱, 책상, 앱, 카페에서 주문하기…… '지금 내가 쓰고 있는 것을 쓸 수 없는 사람은 누구인가?' 당신이 책장을 덮은 후 무심코 이런 생각을 떠올리게 된다면, 이 책의 목적을 이룬 것이다.

차례

추천사   4
프롤로그   10

1장   **기준점** Standard | 제품과 서비스의 기준 다시 보기

Intro   틀린 운전자와 옳은 운전자   22
1   서 있는 사람에게 맞춘 기준   26
2   기준점 확장하기, 바꾸기, 제거하기   33
3   제품의 진화와 포용적 혁신   42
4   설계자 중심에서 사용자 중심으로   52

2장   **숨겨진** Hidden | 모든 것이 겉으로 드러나지는 않는다

Intro   물리적 영역을 넘어 정신의 영역으로   72
1   시각화하지 않은 디자인은 땅에 묻은 것과 같다   79
2   공황장애와 집중력 회복을 위한 디자인   87
3   트라우마 기반 디자인과 심리적 회복   94
4   숨겨진 장애, 난독증을 고려한 디자인 요소   102
5   연결하는 디자인과 데프스페이스   112
6   사회적 접근성을 높이는 환대의 방법   121

3장 참여 Participation | 결과 중심에서 과정 중심으로

Intro 참여와 부정확한 가정   130
1 현실의 괴리를 줄이는 참여형 디자인   137
2 사용자 중심 디자인을 만드는 관찰과 참여   143
3 가이드의 수치를 맹신하지 않는다   155
4 도시에 적용되는 프로세스 이코노미   162
5 시혜와 수혜의 관점을 넘어   174

4장 공통점 Common | 다름 속에서 발견하는 공통점

Intro 공통점과 확장 가능성   194
1 치매 어르신을 위한 가장 평범한 디자인   197
2 셀보 프로젝트에서 배우는 포용적 커뮤니티 디자인   207
3 모두를 위한 놀이 공간   217
4 고령 사용자의 멘털 모델과 디자인 접근 방식의 전환   227

5장 선택권 Option과 자유의지 Freewill | 포용적 설계의 궁극적 목표

Intro 살아 있다는 감각   242
1 장애인 부부가 양육하는 방법   247
2 선택권 보장이 포용적 사용자 경험을 만든다   255
3 정보 인식은 생존과 직결된다   260
4 인간의 존엄성을 향한 디자인   269

미주   288
이미지 출처 및 소장처   291

1장

기준점 Standard

제품과 서비스의 기준 다시 보기

Intro 틀린 운전자와
옳은 운전자

우리 집에는 차가 한 대 있다. 아내가 차를 운전하고 난 뒤 내가 운전석에 앉을 때 가장 먼저 하는 일은 좌석을 뒤로 밀고 룸미러를 조정하는 것이다. 아내의 앉은키에 맞춰 앞으로 당겨진 좌석과 룸미러가 나에겐 맞지 않기 때문이다. 평균적으로 남성과 여성의 키나 팔 길이 차이를 고려하면 여성이 운전석이나 보조석에 앉을 때 남성보다 좌석을 더 앞으로 당기는 경우가 많다. 페달에 발을 올리려면 다리를 더 앞으로 뻗어야 하고, 대시보드 너머를 잘 보려면 허리를 곧추세우고 앉아야 한다.

꽤 최근까지도 차량 설계 기준을 참작할 때 여성은 '자세가 틀린' 운전자였다. 대부분의 차량이 평균적인 남성의 신체 치수를 기준으로 설계됐기 때문이다. 그래서 여성 운전자가 페달에 발을 올리고 시야를 확보하려고 좌석을 더 앞으로 당기면 '표준'에서 벗어난 자세가 된다. 이런 '표준적이지 않은 자세'로 앉으면 차량 정면충돌 시 부상의 위험성이 높아진다.[1]

후방 충돌의 경우도 마찬가지다. 좌석의 등받이는 남성 대비 몸이 가벼운 여성을 더 빨리 앞으로 밀어내 버린다. 2011년 미국 공중보건학회지에 발표된 연구에 따르면 1998년부터 2008년까지 미국의 자동차 충돌 사고 데이터를 조사한 결과, 비슷한 정도의 충돌 사고에서 안전벨트를 착용했음에도 여성 운전자가 심각한 부상을 입을 확률이 남성 운전자보다 47%나 높았다.[2]

1970년대 자동차 회사들은 에어백 개발에 열을 올렸다. 인체 모형을 활용해 차량 충돌 모의실험을 진행했다. 문제는 이때 사용한 인체 모형이 성인 남성의 평균 신체 사이즈만을 기준으로 했다는 사실이다. 당시 제조업체와 디자인팀 인력이 30, 40대 남성으로만 구성됐다는 점이 크게 작용했다. 결과적으로 차량 충돌 사고에서 에어백의 압력으로 어린이와 여성 운전자가 사망하는 사고가 일어났다. 사용자에 대한 무관심 탓이었다.

자동차 충돌 실험에 사용되는 인체 모형은 1950년대에 처음으로 도입됐고, 수십 년 동안 평균 신체에 해당하는 남성을 기준으로 했다. 최근까지 가장 널리 사용되고 있는 모델은 1976년 제너럴 모터스GM에서 개발한 것으로, 미국 도로교통안전국의 연방 차량 안전 기준에도 포함돼 있다. 이 모형은 키 175cm, 몸무게 77kg인 남성을 표준으로 남성의 근육량과 척추 구조를 반영한다. 하지만 여성 표준으로 쓰이는 모형은 10여 년이 지난 1988년에서야 개발됐다. 미국 도로교통안전국의 연방 차량 안전 기준에 공식적으로 포함된 것은 2000년이었다.[3] 이후 이 모형은 남성 모형의 축소 버전이며, 여성의 신체적 특성을 충분히 반영하지 못한다는 비판이 제기됐다.[4]

자동차 업계에서 변화의 시도가 없었던 것은

아니다. 볼보Volvo는 1995년부터 여성 인체 모형을
사용하기 시작했고 2000년대 초 세계 최초로 임산부
모델을 개발하기도 했다. 이 모델은 남성의 축소 버전이
아니라 '실제 여성의 데이터를 기반'으로 한 모형이었다.
볼보는 이후 "모두를 위한 동등한 차Equal Vehicles for All,
E.V.A"라는 슬로건 아래 평균 남성 기준에서 배제됐던
이들을 포함해 모든 사람에게 안전한 차를 만들고자 하는
전략을 수립했다.

    하지만 여전히 주요 자동차 회사들은 여성의 신체
특성을 반영해 모형을 제작하는 대신 사이즈가 작은 남성
인체 모형으로 충돌 모의실험을 한다. 2019년 미국
버지니아대학교에서 진행한 연구에 따르면, 전면 충돌
사고에서 심각한 부상을 입을 확률은 여성이 남성에 비해
73%나 더 높았다.[5]

    자동차 사고와 에어백 사례의 시사점은 명확하다.
기획 단계에서 여러 사용자의 특성을 충분히 고려하지
못하면 치명적인 결과로 이어질 수 있다. 많은 이가
당연하게 여기는 기준이 실제 사용자의 특성을 제대로
반영하지 못하는 경우가 적지 않다. 기준점 다시 보기는
바로 이렇게 우리가 놓치고 있었던 것들에 대한 이야기다.
제품, 서비스, 공간 이용에서 배제돼 온 사람들을
인식하는 일은 포괄적인 설계를 향해 나아가는
첫걸음이다.

1 서 있는 사람에게
　　 맞춘 기준

딜레마와 기준점 찾기

당신이 두 다리로 서서 다닐 수 있는 사람이라면 잠깐 방바닥에 앉아서 현관문까지 그 상태로 몸을 움직이며 가 보자. 몇 가지 미션을 주겠다. 동선 가운데 정수기가 있다면 정수기 버튼을 눌러 물을 한 잔 마셔 보라. 보너스 미션. 냉장고가 있다면 냉동실에서 얼음을 꺼내 얼음물을 만들어 보자. 단, 이때 일어서서는 안 된다.

　어땠는가? 모든 미션을 조금의 어려움도 없이 성공했다면 당신은 팔이 엄청 긴 사람으로 기네스북에 올랐을지도 모르겠다. 혹은 앉은키가 NBA 농구선수 평균 신장쯤이거나.

　이렇게 20여 년을 생활한 전상실 님이 있다. 교통약자 이동과 관련한 주제로 글을 쓰던 나는 2020년 12월 그의 자택에서부터 인근 쇼핑몰까지 반나절을

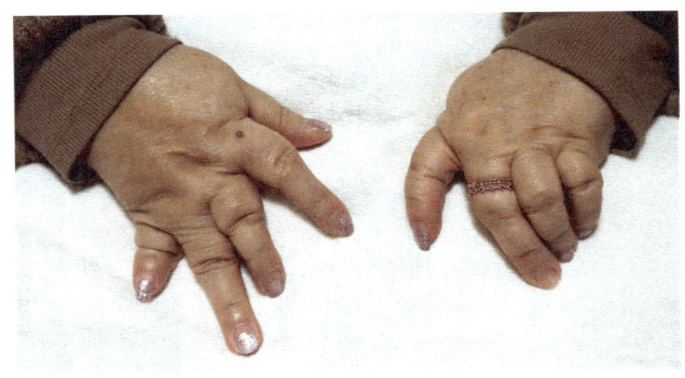

류머티즘으로 근육이 빠진 전상실 님의 손

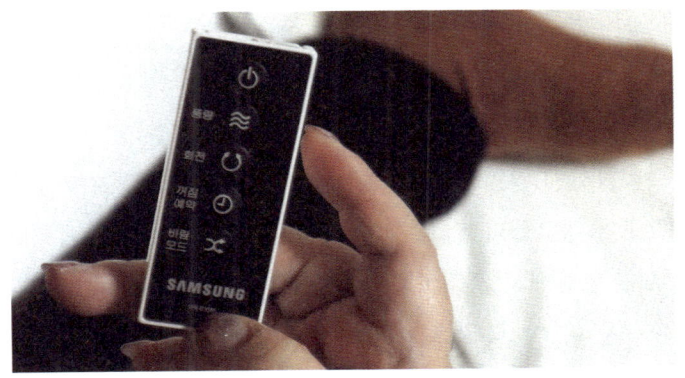

리모컨처럼 앉아서도 조정할 수 있는 도구가 유용하다.

동행하며 실내외 이동 방식을 관찰했다. 그는 40년 전 발병한 류머티즘을 제때 치료받지 못해 점차 건강이 악화됐고 근육이 대부분 빠진 상태다. 실내에서 앉은 상태로 생활하는데, 손이 닿는 위치는 주로 바닥에서부터 1미터 높이 안팎이다.

앉은 상태로 정수기를 이용하려면 막대기가 필요하다. 정수기 윗면에 있는 버튼은 막대기로 누를 수 없어 냉수와 온수 기능은 아예 사용하지 못한다.

    전상실 님이 거주하는 아파트는 이런 사용자를 고려해 설계되지 않았다. 한국의 '평균적인' 집이 그러하듯이 말이다. 그는 몸에 맞지 않는 집에 적응하려면 도구가 필요했다. 바로 긴 나무 막대기다. 잠깐 생각해 보자. 한국에서는 대개 정수기를 싱크대 위에 놓는다. 전상실 님은 정수기를 어떻게 이용할까? 손을 뻗어 막대기로 정수기 버튼을 쿡 찔러 물을 받는다. 그런데 안타까운 사실. 본인도 잘 모르고 구매한 정수기의 정수 버튼은 전면을 향하고 있지만, 냉수와 온수 버튼은 제품의 상단에 있다. 아무리 막대기를 뻗어도 닿을 수 없는 위치다. 그러다 보니 냉수 한 잔 마시려면 활동지원사의 도움을 받아야만 하고, 평상시는 어쩔 수 없이 미지근한 정수를 마신다.

가전제품의 높이가 모두 서 있는 사람 기준으로 맞춰져 있다.

전상실 님이 냉장고를 사용하는 방식은 비장애인과 사뭇 다르다. 겨우 손을 쭉 뻗어 냉장고 손잡이를 열고 팔이 닿는 위치에 있는 음식만 꺼낸다. 참고로 그의 냉장고는 약 15년 전쯤 구매한 제품이라 곡선의 미학을 자랑하는 손잡이가 달려 있다. 손잡이를 잡으려면 있는 힘껏 손을 뻗어야 한다. 그나마 왼쪽이 냉동실이고 오른쪽이 냉장실인 양문형 냉장고라 양쪽 모두 사용할 수 있다. 위아래로 냉장실과 냉동실을 구분한 구조라면 어느 한쪽은 거의 쓸 수 없다.

그에게 냉장고 상단은 활동지원사의 도움을 받아 유통기한이 긴 식품을 보관하는 창고나 다름없고, 하단이 주로 사용하는 구역이다. 그래서 김치나 달걀처럼 자주 꺼내서 먹는 반찬과 식품은 아래쪽에 둔다.

아파트 출입구에 발판이 놓여 있어 휠체어가 가까이 접근하기 어렵다.

이와 또 다른 사례가 있다. 2021년 초에 만났던 조서연 님은 근육병이 있는 청년이다. 그는 아파트 출입구 비밀번호를 누르려고 할 때마다 장벽을 맞닥뜨린다. 출입구 키패드 앞에 발판이 놓여 있기 때문이다. 아마도 출입문 비밀번호를 누를 때 손이 잘 닿지 않는 어린이를 배려한 장치일 것이다. 그런데 발판이 부피를 차지하다 보니 휠체어를 탄 채로 키패드 가까이 다가가기가 쉽지 않다.

앞서 말한 정수기와 냉장고, 아파트 출입구에는 어떤 공통점이 있을까? 서 있는 사람만을 기준으로 한다는 점이다. 해당 정수기는 선 상태로 제품을 내려다보면서 버튼을 자유롭게 누를 수 있는 사람을 기준으로 만들어졌다. 냉장고 역시 서서 문을 여닫으며 음식을 꺼낼 수 있는 사람을 고려해 설계됐다. 아파트 출입구도 서서 버튼을 누를 수 있는 사람만이 기준이다.

주변을 돌아보면 우리를 둘러싼 여러 생활 요소가 특정 기준을 바탕으로 형성됐음을 발견할 수 있다. 그런데 이것을 모두 나쁘다고 해야 할까? 대부분은 최대한 많은 사람이 편리하게 사용할 수 있도록 나름대로 기준을 적용해 만든 것이다. 생각해 보자. 그렇다면 냉장고와 정수기를 앉아 있는 사람의 기준에 맞춰서 만든다면? 출입 현관문 버튼을 지금보다 50cm 정도는 낮춘다면? 이런 경우 서 있는 사람들이 불편을 겪을 수 있다.

이때 딜레마가 생긴다. 누군가를 희생시키는 대신 많은 사람이 좋아할 만한 제품을 만드는 게 낫지 않을까? 아니면 이런 관점이 있을 수도 있다. 소외되는 사람들이 가급적 없도록 신체 다양성을 고려해서 어떻게든 균형을 맞추는 방향을 찾아야 하지 않을까?

내로라하는 디자이너나 건축가라 할지라도 이 딜레마에서 명쾌한 해답을 찾기는 어렵다. 하지만 이러한 고민 자체가 모두를 위한 디자인을 향한 소기의 목적을 달성한 것이다. 기준점이 존재하고 그 때문에 장벽을 맞닥뜨리는 사람들이 있다는 것을 깨달았으니 말이다. 여기가 출발점이다.

2 기준점 확장하기, 바꾸기, 제거하기

관점의 전환과 모두를 위한 디자인

기준점을 발견하고 그 기준점에 문제의식을 느낀다면 어떻게 변화를 가져올 수 있을까? 세 가지 방법을 생각해 볼 수 있다. 기준을 확장하거나, 바꾸거나, 제거하는 것이다.

먼저, 기준점 확장하기는 말 그대로 기준의 범위를 넓히는 것이다. 서 있는 사람만 편리하게 쓸 수 있는 제품이라면 앉아 있는 사람도 사용할 수 있도록 추가적인 요소를 고려해 두 조건의 균형을 맞춰 간다. 한 번에 확 넓히지 않아도 된다. 조건을 세부화해 한 가지씩 확장하는 방식도 좋다. 서 있는 상태에서 손으로 키패드를 눌러야만 출입이 가능한 문이라면, 그 외의 동작으로도 출입할 수 있는 시스템을 생각해 보는 것이다.

경사로 설치도 기준을 확장하는 좋은 예다.

출입구나 도로에 경사로를 설치하면 두 다리로 자유롭게 걷는 사람들뿐 아니라 휠체어나 유아차를 이용하는 사람들도 편리하게 이동할 수 있다. 1932년생으로 소아마비로 인한 장애가 있는 영국의 건축가 셀윈 골드스미스Selwyn Goldsmith는 1960년대에 휠체어를 이용하는 장애인들을 인터뷰하며 도시계획에서 경사로의 중요성을 인식했다. 그는 경사로가 장애인뿐 아니라 유아차를 끄는 성인에게도 큰 도움이 된다는 사실을 깨달았다. 이러한 발견은 특정한 신체적 제약이 있는 사람이 겪는 일상의 장벽을 해결하는 것이 결국 모두에게 유익하다는 개념, 즉 '모두를 위한 디자인'이라 불리는 유니버설 디자인Universal Design의 밑거름이 됐다.

    기준점 바꾸기는 곧 관점의 전환이라고 할 수 있다. 관점을 바꿈으로써 결과적으로 더 많은 사람에게 유용하고 포괄적인 해결책을 제공한다. 지난 2022년 안전을 주제로 인터뷰했던 미국 전 오바마 정부의 접근성 자문위원이자 건축가 카렌 브렛마이어Karen Braitmayer의 주방을 소개하고 싶다. 그는 시애틀에 기반을 둔 스튜디오 퍼시피카Studio Pacifica의 대표이기도 하다. 선천성 골형성부전증으로 40년 넘게 휠체어를 이용해 온 그에게 주방은 가족과 함께 시간을 보내는 중요한 공간이다.
    보편적으로 주방은 서 있는 사람을 기준으로 하고

휠체어를 탄 상태의 키에 맞춰 리모델링한 카렌 브렛마이어의 주방

있다. 한번 집에 있는 싱크대를 유심히 살펴보길 바란다. 싱크대 하부는 대부분 수납장이다. 휠체어 이용자가 싱크대를 쓰려면 무릎이 먼저 가구에 부딪히기 때문에, 몸을 오른쪽이나 왼쪽으로 틀어야만 한다. 그래서 브렛마이어는 휠체어 이용자의 동선이나 높이, 무릎 간섭 등을 고려한 주방을 만들었다. 휠체어를 탄 채로 가까이서 사용할 수 있도록 싱크대의 하부를 비워 놓았다. 오븐의 문 역시 위에서 아래로 열리지 않고 오른쪽에서 왼쪽으로 열리는 제품으로 구매해 무릎 간섭 없이 사용하고 있다.

　　장애인의 독립적 사용에 필요한 것에서 나아가 장애인과 함께 사는 가족 또는 활동보조인의 동선까지 고려해 디자인한 것이다. 서 있는 사람에게만 맞췄던

냉장고 개발자는 실내에서 회전의자를 타고 이동하는 사용자를 생각해 본 적이 있을까? 너무 낮거나 높은 곳에 있는 선반에는 접근이 어렵다.

기준을 휠체어 이용자의 관점으로 바꿨더니 비장애인이나 장애인이 함께 사용할 수 있는 공간이 됐다.

냉장고는 어떨까? 앞서 소개한 조서연 님은 밖에서는 전동 휠체어를 이용하고 실내에서는 회전의자에 앉아서 이동한다. 그러다 보니 냉장고의 아래쪽에 있는 음식을 꺼내기 불편하다. 혹시라도 고꾸라지면서 다치지 않을까 하는 염려도 있다. 또한 뇌병변장애로 특정 상황에서 몸의 중심을 안정적으로 유지하는 데 어려움을 겪는 한희수 님은 아래쪽의 음식을 꺼내려고 무릎을 구부릴 때 주저앉거나 넘어지는 일이 생긴다고 말했다.

그렇다면 기준을 이렇게 바꿔 볼 수도 있다.

냉장고가 꼭 세로로 길어야 할까? 물론 공간 효율성이나 냉각 장치 설계상의 이유로 세로형 냉장고는 지난 100년간 표준으로 자리 잡아 왔다. 하지만 기준을 바꿔서 가로로 길게 설계한다면? 슬라이딩도어처럼 옆으로 여닫는 방식이 나오지 못할 이유는 없다. 그러면서 책장처럼 거실에 어울리는 구조도 한번 생각해 볼 수 있다. 이런 과정이 기준점을 바꿔 생각해 보는 것이다.

기준점 제거하기는 관점을 완전히 새롭게 하는 것이다. 서 있는 사람에게만 맞춘 높이가 중요한 기준이었다면, 높이라는 기준을 제거하고 높이와 상관없이 사용할 수 있도록 하는 아이디어를 도출해 보는 것이다. 얼굴 인식으로 스마트폰 잠금을 해제하는 방식이 좋은 예다. 예전에는 번호나 패턴 입력으로 스마트폰 잠금을 해제했지만 지금은 손을 쓰지 않아도 가능하다. 출입문이라면 손으로 버튼을 누르지 않고 드나드는 방법을 생각해 볼 수 있다. 보안회사 프록시Proxy는 이런 관점으로 스마트폰 기반의 핸즈프리 출입 통제 시스템을 제공한다. 블루투스와 위치 기반 기술을 활용해 스마트폰을 소지하고 있으면 자동으로 출입할 수 있다. 휠체어 이용자도 스마트폰만 있으면 높이나 위치에 구애받지 않고 드나들 수 있다.

기준점을 제거함으로써 새로운 시장을 창조하기도

한다. 미국에는 장애인차 전문 제작 회사 브라운
어빌리티Braun Ability가 있다. 창립자 랄프 브라운은 척수성
근위축증으로 15세부터 걷지 못하는데, 이동의 자유를
위해 최초의 장애인용 전동 스쿠터인 트라이 휠러를
발명했다. 1963년 부모님의 차고에서 시작한 작업은 곧
장애인들이 독립적으로 이동할 수 있게끔 하는 다양한
제품을 개발하는 회사로 성장했다. 1970년대에는
풀 사이즈 밴에 휠체어 리프트와 조향 장치◉를 설치해
휠체어 이용자가 운전할 수 있는 차량을 개발했다. 브라운
어빌리티는 현재 제품을 전 세계에 수출하고 있으며,
50여 년간 100여만 명의 삶을 변화시켜 왔다.

'당연함'을 다시 생각하다

기준점 확장하기, 바꾸기, 제거하기는 기업 차원의
비즈니스에만 해당하지 않는다. 창의적인 관점으로
프로젝트를 시작하고자 하는 기획자나 예술가도 시도할
수 있다. '휠체어를 타고 스킨 스쿠버를 할 수 있을까?'
이런 질문을 던지면 대부분은 불가능하다고 여길 것이다.
그러나 생각의 기준을 바꾸면 창의성이 발현된다.

◉ 자동차의 진행 방향을 바꾸기 위해 앞바퀴의 회전축 방향을
조절하는 장치

영국의 아티스트 수 오스틴Sue Austin은 휠체어를 타고 바닷속 세계를 탐험하는 영상으로 세계인의 주목을 받았다. 그는 2012년 런던 올림픽과 패럴림픽의 문화 올림피아드에서 〈Creating the Spectacle〉이라는 작품으로 특별히 개조한 수중 휠체어를 타고 바닷속을 탐험하는 모습을 선보였다. 휠체어와 함께 유영하는 그의 모습은 평온하고 아름답다. 휠체어로 바닷속을 다니는 일이 자연스럽게 느껴진다. 이 작품은 사람들의 고정관념을 깨는 동시에 아티스트의 가능성을 탐색하게 하는 중요한 사례로 남았다.

오랜 기간 보편화된 경험이 만들어 놓은 한계와 기준에서 벗어나는 기준점 다시 생각하기는 '당연함'에 대한 경각심을 일깨운다. 또한 그간 생각해 보지 못했던 영역을 새롭게 떠올림으로써 창조의 빛을 드러내는 첫 단계가 된다. 포괄적인 디자인을 기획하는 사람이라면 다음과 같은 질문에서부터 시작해도 좋다.

'지금 내가 사용하고 있는 제품을 쓸 수 없는 사람은 누구인가?'

수 오스틴의 〈Creating the Spectacle〉[6]

3 제품의 진화와 포용적 혁신

누구나 양손을 자유롭게 쓰는 것은 아니다

오전 6시 30분. 알람이 울리자 잠결에 더듬거리며 핸드폰을 찾아 기기 측면에 있는 버튼을 누른다. 깜빡 다시 잠들었다가 5분 뒤 또 울리는 알람에 겨우 몸을 일으키고 방 밖으로 걸어 나간다. 빠르게 면도하고, 머리를 감고, 스킨과 로션을 바른 뒤 옷을 입는다. 허겁지겁 현관을 나서며 핸드폰으로 시간을 확인한다. '20분 정도 걸렸군. 오늘은 차가 덜 막히겠다.' 안도하며 주차장으로 가 차에 시동을 걸어 출근지로 향한다.

  이 평범한 아침, 20분의 일상 중에 손을 몇 번 썼을까? 아마 쓰지 않은 횟수를 세는 게 빠를 것이다. 핸드폰 알람을 끄고, 샤워기를 잡고, 로션 뚜껑을 열고 로션을 얼굴에 바르는 모든 행위에서 가장 필수적으로 사용하는 신체 부위는 손이다. 물리적으로 정교한 동작을 빠르게 수행하는 데 손의 역할은 신체의 다른 부분과 비교할 수 없이 크다. 글을 쓰며 노트북 키보드를 두드리는 것도 손가락이고, 출퇴근길 대중교통에서 흔들리는 몸을 손잡이에 의지할 때, 계좌 이체를 위해 앱 버튼을 누를 때 쓰는 것도 손이다.

　　　세상에 통용되는 많은 제품이 손을 자유자재로 쓰는 사람을 전제로 만들어졌다. 물건을 집고, 누르고, 돌리는 여러 행위가 손을 기본으로 한다. 신발 끈은 어떨까? 양손으로 끈을 묶을 수 있는 사람이 아니면 사용하기 어렵다. 문손잡이는? 손으로 문고리를 돌릴 수 있는 사람을 전제한다.

　　　보건복지부의 전국 장애인 등록 현황에 따르면 2024년 기준 국내에는 약 23만 4,000명의 뇌병변장애인이 있다. 이들 중 일부는 손을 떨거나 손가락 끝 힘 조절에 어려움을 겪는다. 점진적으로 근육이 감소하는 진행성 근육병 환자 역시 손과 팔의 힘 조절이 자유롭지 못하다. 인터뷰로 만났던 근육병이 있는 청년 한정훈 님은 손가락 끝을 펼 수 없어 구부러진 손가락 마디 부분으로 앱 버튼을 누른다.

　　　장애뿐 아니라 생애 주기적 요인의 제약도 있을 수 있다. 연령을 특정하기는 쉽지 않지만 80세 이상 고연령층의 경우 점진적인 근육 감소로 손의 힘 조절에

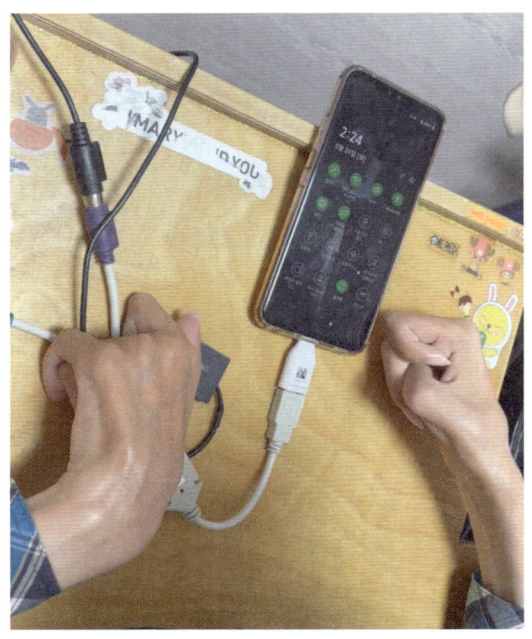

근육병으로 손을 펼 수 없는 청년이 있다. 그는 구부러진 왼손 엄지손가락으로 화면을 클릭한다. 손가락의 이동 범위도 제한적이다. 하지만 보조 도구를 이용해 꽤 자유롭게 핸드폰을 사용한다.

곤란을 겪기도 한다. 사고로 한쪽 손과 팔을 쓸 수 없는 경우도 있다. 절단 사고로 한쪽 손에 의수를 착용하는 지인은 매일 한 손으로 차를 몰고 출퇴근한다. 낙상 사고로 하반신이 마비된 한 청년은 손 신경 일부에도 상해를 입어 손가락 끝에 힘을 주지 못한다. 그러다 보니 엄지와 검지를 활용해서 무언가를 돌리거나 빼는 등의 동작은 불편하다. 이처럼 일상에서 양손 사용에 제약을 겪는 사람들을 어렵지 않게 찾아볼 수 있다.

매튜 왈저와 나이키

그렇다면 이런 사용자들을 고려할 때 어떤 제품을 개발해야 할까? 나이키 플라이이즈Nike FlyEase는 신발을 신고 벗는 경험에 '양손 사용'이라는 기준을 벗어나 새로운 관점을 불어넣은 제품이다.

1995년 조산으로 예정일보다 두 달 일찍 태어난 매튜 왈저Matthew Walzer는 한 살 때 뇌성마비 진단을 받았다. 지속적인 훈련으로 걷기, 균형감 유지하기 등을 체득해 나가던 왈저에게 끝까지 도전 과제로 남았던 것은 신발 끈 묶기였다. 오른손을 자유롭게 쓰는 데 어려움이 있었기 때문이다. 독립적으로 생활하고 싶었던 그는 시간이 지날수록 신발 끈을 묶고 푸는 것에 답답함을 느꼈다.

"열여섯 살이 되면서 혼자서 옷을 입을 수 있었지만, 신발 끈은 여전히 부모님이 묶어 줘야 했습니다. 완전히 자립하려고 노력하는 10대로서 이 점이 매우 답답했습니다."

2012년 여름, 왈저는 나이키에 신체 능력과 관계없이 누구나 신을 수 있는 신발을 개발해 달라고

나이키 플라이이즈 모델 중 하나. 손을 사용하지 않고도 쉽게 발을 넣고 뺄 수 있도록 제작됐다.

요청하는 편지를 보냈다. 편지는 SNS를 통해 입소문이 났고 그 결과 2012년부터 2015년까지 3년간 협업이 진행됐다. 왈저는 제품 개발 과정에서 소재, 착용감, 디자인, 지지력 등 여러 가지 방향에 대한 아이디어를 제시했다.

    나이키 최초의 플라이이즈 라인업인 르브론 줌 솔저8 플라이이즈LeBron Zoom Soldier 8 FlyEase는 이렇게 탄생했다. 신발 끈 대신 지퍼와 벨크로 스트랩을 달아

한 손으로도 쉽게 신고 벗을 수 있고, 착용자의 발에 맞게 스트랩으로 착용감을 조절할 수 있는 신발이다.
이후 플라이이즈는 보다 빠르고 쉽게 신고 벗을 수 있는 힌지hinge 시스템으로 발전해 현재는 사용자가 양손을 쓰지 않고도 신발을 신고 벗을 수 있다. 손을 사용해 신발 끈을 묶어야 한다는 관념을 버린 결과다.

   지금까지 적용해 온 기준을 깨뜨리는 시도가 제품의 진화를 가능하게 했다. 여기서 주목할 것은 첫 아이디어를 내는 과정이다. 발상의 시작부터 기존에 배제됐던 사용자에게 초점을 맞췄다는 점이다.

   또 흥미로운 점은 확장성에 있다. 매튜 왈저의 제약 사항에 기반해 뇌성마비 청년이 편리하게 사용할 수 있도록 한 아이디어는 다른 많은 사람에게도 유용하게 적용됐다. 플라이이즈의 사용 후기를 보면 "임산부라서 몸을 아래로 숙이기 어려웠는데 편리하게 신고 있다", "엄마가 의족을 착용하시는데 이 신발 덕분에 편리하게 신고 벗고 계신다"와 같은 긍정적인 평가를 확인할 수 있다.

  발상과 확장

자동차 트렁크의 발전 과정도 흥미롭다. 트렁크의 발전이 장애인을 우선적으로 고려한 것은 아니지만, 편의적인 측면과 접근성의 변화에서 주목할 점이 있다.
1980~1990년대 출시된 자동차의 트렁크를 열 때는 열쇠를 꽂아 돌린 뒤 잠금을 해제해야 했다. 나 역시 어렸을 적 부모님께 열쇠를 받아 트렁크 문을 열고 위로 들어 올린 다음 짐을 싣고 내리곤 했다. 그런데 휠체어 이용자가 이런 방식의 트렁크를 이용한다면 위로 열려 있는 문을 닫을 때 손을 높이 뻗어야 하므로 혼자만의 힘으로는 제약을 맞닥뜨리게 된다.

  스마트 키가 도입되면서 현재 출시되는 대부분의 자동차는 트렁크 근처에서 버튼만 누르면 문이 열리고 닫히는 방식으로 변화했다. 스마트 키를 몸에 지니고 차량 뒤에 있으면 자동으로 트렁크 문이 열리는 스마트 테일게이트smart tailgate 기능도 도입됐다. 이는 휠체어 이용 장애인이나 한 손 사용자도 편리하게 쓸 수 있지만 물건을 잔뜩 들어 양손이 자유롭지 못한 경우에도 유용하다.

  과거에는 통계적으로 보편적인 신체 조건에 해당하는 사람에게만 트렁크 사용이 허용됐다고 볼 수 있다. 지금은 동등한 경험을 누릴 수 있는 사람의 수가 양적으로 확장된 셈이다. 여기서 말하는 확장성이란 단순히 수치의 증가가 아니라, 사용자 스펙트럼의 확장이다. 다시 말해 사용에 제약이 없는 사람들에서부터 과거에는 제약을 겪었던 사람들까지

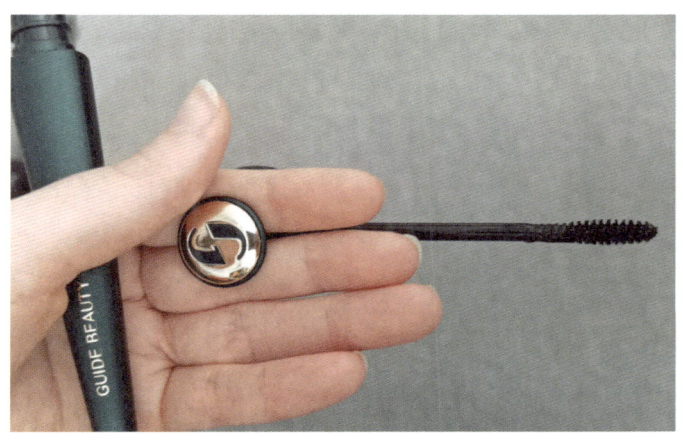

손가락으로 정교하게 제품을 조절하기 어려운 사용자가 손 사이에 끼울 수 있도록 사용성을 향상한 가이드 뷰티의 제품

그 폭이 넓어졌다는 뜻이다.

다른 한편으로 제약을 경험하는 사람들에게서 아이디어를 도출해 보편적 다수에게 혜택이 확장된 사례도 있다. 메이크업 아티스트이자 교육자인 테리 브라이언트Terri Bryant는 2015년 어느 날 손이 경직되고 떨리는 이상 징후를 느꼈다. 브라이언트는 40대 중반의 나이에 파킨슨병을 진단받았다.

메이크업은 그의 일상이자 직업이었기에 어떤 방식으로든 더 나은 방향을 찾아야만 했다. 연구 끝에 그는 손 떨림이 있는 사람들도 잡기 쉬운 메이크업 도구를 판매하는 브랜드 가이드 뷰티Guide Beauty를 설립했다. 정교함을 요구하는 기존의 펜슬 라이너 대신

실리콘 팁을 활용해 아이라이너의 사용감을 향상한
가이드 완드Guide Wand가 대표적인 제품이다.

  최근에는 최고 크리에이티브 책임자로 할리우드
배우 셀마 블레어Selma Blair를 영입했다. 블레어는 〈금발이
너무해〉, 〈헬보이〉 등의 작품으로 한국에서도 익숙한
배우다. 그는 2018년 다발경화증을 진단받았다.
다발경화증은 척수와 뇌에 발생하는 자가 면역 질환이다.
사람마다 증상이 다르지만 일반적으로 이동에 어려움을
겪으며 손발이 저리거나 무감각 증상이 나타나기도 한다.
가이드 뷰티의 온라인 후기에는 뇌졸중으로 손이 떨리는
사람, 관절염으로 연필을 쥐기 어려운 사람 등 일반적인
제품 사용에 어려움을 겪던 사용자들이 자신감을
얻었다는 내용이 가득하다.

  앞서 기준점을 바꿔 보는 사고법을 이야기했지만,
이처럼 기존에 배제됐던 사람들에게 초점을 맞추는 발상
역시 포괄적인 제품과 서비스를 만드는 출발점이다.
중요한 점은 이러한 시도가 만들어 내는 결과가 제약을
겪는 당사자 앞에 놓인 장벽을 제거하는 일에 그치지
않는다는 것이다. 혜택은 더 많은 사람에게 확장된다.
신발을 쉽고 빠르게 신고 벗고 싶은 사람, 허리를 숙이기
불편한 사람, 잡기 쉬운 도구로 메이크업을 빠르게 하고
싶어 하는 사람, 양손에 물건을 가득 든 사람 등. 구글이나

마이크로소프트에서 강조하는 포용적인 디자인의 중요 원칙, "한 사람을 위한 해결책이 많은 사람에게 혜택을 Solve for one, extend to many"처럼 포용적인 혁신은 주목받지 못한 소수를 고려한 발상에서 시작된다.

4 설계자 중심에서
　　사용자 중심으로

트라우마와 회복의 과정

디자인이 사람의 생명을 구할 수 있을까? 안전과 관련한 디자인 사례를 찾다 보면, '가장 위험한 상황'이란 무엇일지 생각하게 된다. 그것은 결국 생명과 직결된 문제다. 생명을 보호하는 일은 어떠한 상황에서도 가장 우선적으로 고려해야 한다. 나는 한 초등학교에서 벌어진 사건을 접하며 마음 한편이 무거워졌지만, 동시에 본질에 대해 다시금 생각하게 됐다.

　　2012년 12월 14일 오전, 미국 코네티컷주 뉴타운의 샌디 훅 초등학교에서 총기 난사 사건으로 20명의 학생과 6명의 교직원이 사망했다. 이 일로 학교는 폐쇄됐고, 인근의 비어 있는 학교에서 20일 만에 수업이 재개됐다. 이후 사고가 일어났던 학교를 폐쇄하고 다른 곳에 학교를 짓자는 의견이 있었으나 당시 희생된 학생들의 부모들은

비극적인 참사로 기억되는 샌디 훅 초등학교 총기 난사 사건

자녀가 다니던 학교마저 흔적 없이 사라질 것이라는 생각에 견딜 수 없었다고 한다.

특정 공간에서 비극적인 사고가 발생했을 때 해당 장소는 큰 상징성을 지닌다. 인류학자 디미트리스 지갈라타스Dimitris Xygalatas는 사람들은 단순히 물리적 특성에 기초해 주변의 사물을 경험하지 않는다고 말한다. 그에 따르면 사람들은 특정 대상이 어디서 왔는지, 무엇과 연결되는지, 그 역사는 무엇인지 등 대상의 배경에 깊은 관심을 보인다. 예를 들어, 베를린장벽을 보며 단지 회색 시멘트에 그라피티가 더해진 콘크리트 벽이라고 생각하지 않는다. 냉전 시대의 정치적 분열과 자유에 대한 갈망, 이후 장벽이 무너지면서 얻은 통합의 상징과 같은 역사적 의미를 먼저 떠올린다.

샌디 훅 초등학교도 마찬가지였다. 사건이 일어난 지 몇 년이 지났지만, 참사로 인한 깊은 상실감이라는 지역 커뮤니티의 아픔을 담고 있었다. 샌디 훅이라는 이름의 상징 자체가 살아남은 어린이들을 비롯해 지역 사회에 트라우마로 다가올 수 있었다. 비극적인 기억을 안고 있는 샌디 훅에는 물리적 공간의 재구성을 넘어 아픔에 대한 치유와 공동체 회복을 위한 과정이 필요했다.

몇 년 뒤, 참사가 발생했던 그 자리에 아픔을 딛고 다시 학교를 세우기로 결정했을 때 여러 건축 사무소가 공모에 참여했다. 비극적인 사고로 어린이들을 잃었던 그곳에 어떤 콘셉트를 반영한 학교를 세워야 할까?

이러한 사건을 겪은 사람들의 마음속에는 결코 같은 일이 재발하면 안 된다는 두려움이 깊이 자리 잡는다. 안전을 최대한으로 중시한, 어떠한 외부자 침입도 막을 수 있는 요새 같은 공간과 보안 시스템을 한 번쯤 생각해 보게 된다. 최종적으로 선정된 곳은 스비걸스 파트너스Svigals+Partners였다. 나와 우리 팀은 재건축을 주도한 스비걸스 파트너스의 총괄 담당자 제이 브로트먼Jay Brotman을 인터뷰하게 됐다. 그는 건축 공모에서 선정된 이유를 이렇게 말했다.

"대부분은 요새처럼 완벽하게 보호할 수 있는 학교를 만들겠다고 했어요. 마을에서도 실제로 그렇게 생각했고요.

이런 상황에서 벽과 울타리를 높게 올리는 것은 지역 사회에서도 매우 당연한 일이라고 생각했을 것입니다. 그러나 우리는 그것이 본질이 아니라고 말했어요. 높은 펜스와 CCTV에 온통 둘러싸인 감시 타워 같은 학교에서 다음 세대가 행복하게 자랄 수는 없으니까요. 커뮤니티와 협력해 가장 적합한 방향을 찾아가겠다고 말했죠."

- MSV 소셜임팩트 시리즈 04 《안전》 중

이들이 강조한 것은 '다음 세대의 행복'이라는 키워드였다. 마치 요새와 같은 디자인은 안전에 대한 학부모들과 건축가들의 바람에서 비롯된 생각이지만, 아픔을 딛고 자라날 어린이들이 그 공간에서 누려야 할 가치는 행복과 성장이다. 이 본질을 강조한 것이 공모에 당선된 이유였다. 하지만 제이 브로트먼은 이런 가치를 지향하더라도 어떻게 건축해 나가야 할지에 대해서는 감이 오지 않았다고 솔직하게 말했다.

트라우마가 있는 사람들은 이미 과거에 통제할 수 없는 상황에서 큰 고통을 겪었다. 이들이 회복하는 데에는 자율성과 통제감을 다시 찾을 수 있다는 경험이 필요하다. 이들을 위한 무언가를 만든다고 할 때 결과물 못지않게 그 과정의 디자인이 중요하다. 일방적인 행동과 태도는 또다시 통제할 수 없는 상황을 연상시켜 불안감이나 스트레스를 증가시키고 회복을 방해할 수 있다.

　　　만약 '우리가 생각하는 재건축 도면은 이렇다'고 방향을 미리 정해 놓고 간단히 의견을 묻는 정도로 일이 진행됐다면 어땠을까? 지역 주민들과 학부모들에게는 심리적인 부담으로 다가왔을뿐더러 다시 트라우마를 겪었을지 모른다. 이 프로젝트에서는 구성원의 자율성을 존중하고, 이들과 함께 상호작용하는 과정이 무엇보다 중요했다.

　　　제이 브로트먼은 프로젝트 시작에 앞서 워킹 그룹Working Group을 만들어 여러 의견을 수렴했다. 논의에는 학부모와 교사뿐 아니라 지역 주민, 정부 관계자, 샌디 훅 초등학교 학생들도 참여했다. 이들은 건축 디자인을 넘어 본질에 대해 함께 의논했다. '학교란 무엇인가?', '어린이들은 어떤 환경에서 자라나야 하는가?' 특히 2012년 총기 난사 사건 당시에 아이를 잃은 학부모들과도 여러 차례 만났다고 한다. 아이가 무자비하게 살해당한 모습을 지켜봐야만 했던 부모의 입장도 들어 봐야 한다는 생각에서였다.

　　　모임 초기에 나온 아이디어는 요새와 같은 학교였다. 끔찍한 일을 겪고 난 뒤였기에 높은 벽과 울타리를 세워서 어린이들을 보호하고자 하는 마음이 컸다. 그러다 보니 논의 과정에서 건축가와 주민 사이에 의견 충돌도 있었다.

지역 주민들은 투명한 유리창 설치를 반대했다. 밖에서 안을 들여다보고 침입자가 들어오면 어떻게 되겠느냐는 생각에 불안해했다.

건축가를 비롯한 전문가들은 자연 감시에 대해 교육하고 설득했다. 자연 감시란 말 그대로 범죄 시도가 있을 때 자연스럽게 주변의 눈에 띄도록 하는 것인데, 토론을 거듭한 결과 지역 주민들도 자연 감시의 중요성에 합의했다. 샌디 훅 초등학교에는 투명 유리창이 설치됐다. 대신 유리 각도를 조절해서 교실 안에 사각지대를 만들어 바깥에서 실내를 들여다봤을 때 보이지 않는 부분이 생기도록 구역을 나눴다. 혹시나 침입자가 들어온다면 어린이들이 숨을 수 있는 보호 구역인 셈이다.

교실 문을 항상 열어 놓을 것인지, 닫아 놓을 것인지도 고민이었다. 열어 놓는다면 위급 상황에서 어린이들이 신속하게 외부로 도망칠 수 있겠지만, 반대로 침입자가 더 빠르게 교실로 들어올 수도 있다. 그러다 보니 교사들은 문이 항상 닫히도록 설계하는 쪽으로 의견을 냈다. 건축가들은 그 의견을 반영하되 교실 문을 잠그는 위치를 고려했다.

생각해 보면 교실 문은 보통 바깥에서 잠근다. 교사가 출근할 때 열고, 퇴근할 때 닫는 구조다. 만약 침입자가 있을 때 교사가 복도로 나가 문을 잠가야만 한다면 교사 본인은 침입자에게 노출된다. 그래서 교실

내부에서 외부의 상황을 보고 문을 잠글 수 있어야 한다는 의견이 제기됐다. 결과적으로 학교 곳곳에 버튼을 누르면 교실 문이 자동으로 잠기는 기능을 설치했다. 교실 문에는 자석을 활용해 열면 자동으로 닫히도록 만들었다.

  보안 전문가와 함께 워크숍을 열고, 건축 스케치도 해 보고, 투표를 거치며 자연스럽게 토론하면서 샌디 훅 커뮤니티는 과거의 아픔이 아닌 미래를 바라보게 됐다. 워킹 그룹은 논의를 거듭할수록 '가장 안전한 공간'이 아니라 '가장 좋은 학습 환경'은 무엇인지 서로 질문했다. 다양한 대답이 나왔지만 가장 좋은 환경이 요새 같은 곳이라고 대답하는 사람은 없었다. 과거의 비극을 어떻게 할 것인지 이야기하는 대신 '학생들이 앞으로 어떤 삶을 살아갈 수 있을 것인가?'라는 본질적인 질문의 해답을 함께 찾아 나가게 된 것이다. 이로써 지역 구성원 모두가 주인의식을 가지고 가치 있는 일에 참여하고 있다는 생각을 공유하게 됐다.

'햇빛, 자연, 커뮤니티', 성장의 본질 파악하기

그렇다면 어린이들이 행복하게 성장할 수 있는 좋은 학습 환경은 무엇일까? 제이 브로트먼은 햇빛, 자연, 커뮤니티 세 가지를 꼽았다. 햇빛이 어린이의 신체에 주는 긍정적 영향을 과학적으로 나열하자면 끝이 없을 것이다. 나는

채광이 가득 들어오는 공간은 안팎의 감시 기능을 하면서도 어린이들이 행복하게 지낼 수 있는 자연 친화적인 곳이다.

2022년에 1960년대 뉴욕 센트럴공원의 모험 놀이터 건축가인 리처드 다트너Rhichard Dattener를 인터뷰한 적이 있다. 그는 어린이들이 놀이를 통해 성장하려면 감각적인 경험이 충족돼야 하는데, 물이나 흙과 같은 자연 요소가 가장 중요하다고 말했다.

햇빛과 자연을 한가득 느끼려면 공간이 개방적이어야 한다. 재건축 모임 초기에 나왔던 아이디어인 요새와는 정반대 느낌이다. 실제로 재건축된 샌디 훅 초등학교에는 교내 곳곳에 개방감을 느낄 수 있는 요소들을 심어 놓았다. 앞의 사진처럼 넓은 창으로 채광을 한껏 받아들이는 공간은 친구 관계에도 긍정적 영향을 미친다. 교류를 위한 장소가 될뿐더러 학교 폭력이나 따돌림 등을 막기 위한 내부 감시 장치로도 작동한다.

보안 요소도 빼놓지 말아야 한다. 범죄 예방 디자인 또는 범죄 예방 전략이라 불리는 셉테드Crime Prevention Through Environmental Design, CPTED에서 중시하는 보안을 위한 디자인 요소는 세 가지다. 범죄를 최대한 억제하고, 침입이 발생했을 때 범죄자의 움직임을 빠르게 감지하며, 확산 속도를 지연시켜야 한다. 이를 위한 전략 중 하나는 여러 겹의 보호 층을 만들어 점진적으로 보안을 강화하는 레이어링layering 기법이다.

샌디 훅 초등학교의 경우 자연을 활용해 언덕, 숲, 습지가 학교를 둘러싸는 경계선 역할을 한다. 펜스도

낮은 울타리를 만들고 나무를 심어 학교와 외부에 자연스러운 경계선이 형성됐다.

설치했지만, 자연과 조화를 이루면서 위협적인 느낌을 주지 않도록 설계했다. 앞의 사진을 자세히 보면 학교에 그리 높지 않은 울타리가 쳐져 있고, 그 바깥쪽으로 학교 건물 높이만 한 우거진 나무들이 있다. 이렇게 우거진 숲이 하나의 레이어가 된다. 교실에서도 바깥의 나무가 잘 보여서, 마치 숲속에 와 있는 듯한 기분을 느낄 수 있다. 자연물을 레이어링으로 활용할 때의 이점이다.

  학교 정문 앞에는 레인 가든이라고 불리는 긴 연못이 있다. 코네티컷주에는 비가 많이 오는데, 학교 지붕에 고이는 빗물을 처리할 방법이 필요하다. 그래서 학교 건물과 주차장 사이에 작은 연못을 만들기로 했다. 1미터 깊이의 연못에는 5미터 폭의 다리를 세 개 놓았다. 세 개의 다리는 각각 학교 출입구로 연결된다.

  학생들은 잘 인지하지 못하지만 사실 이것도 보안 장치다. 방문자는 주차장에 차를 두고 이 레인 가든을 건너야만 학교 안으로 들어올 수 있다. 혹시 낯선 사람이 온다고 해도 학교에 진입하기까지 최대한 시간을 늦출 수 있고, 세 개의 출입문에는 모두 보안 시스템을 설치해 외부인은 인터폰을 눌러야만 들어올 수 있다.

  레인 가든에는 보안 장치 이상의 의미가 있는데, 어린이들은 주차장에 내리자마자 바위와 꽃이 있는 연못을 마주하게 된다. 비가 오면 연못에 물이 채워지고 날이 개면 땅으로 흡수되면서 순환을 이룬다는 사실을

학교 앞 레인 가든은 보안 장치인 동시에 어린이들이 자연 순환의 원리를 생각해 볼 수 있는 학습 공간이다.

자연스럽게 배울 수 있는 것이다. 간단하지만 안전과 미관 그리고 지속 가능성을 동시에 고려한 디자인이다.

이런 디자인은 미국같이 땅이 넓은 나라에서나 가능하지 않을까 하는 생각이 들 수도 있다. 하지만 표면적 형태보다 발상과 디자인 과정에 주목해 보자. 샌디 훅 초등학교 사례에서 가장 흥미로운 점은 '공간의 본질'을 알아 가는 과정이다. 자칫 철통 방어를 위한 요새가 될 수도 있었던 학교에서 학생들의 성장을 위한 개방된 공간으로 디자인된 과정이 중요하다.

어린이들은 왜 학교에 다니는가? 학교는 왜 필요한가? 학교는 어린이들이 자라나는 곳이다. 몸과 마음이 건강하게 성장하려면 선생님과 학생 들이 원활한 소통과 관계를 통해 학습의 즐거움을 누릴 수 있는 곳이어야 한다. 그런 의미에서 샌디 훅 초등학교는 안전을 넘어 학생들에게 행복한 학습 환경이란 무엇일지 다시금 생각해 볼 기회를 제공한다.

심리적 안정과 학교의 미래

교육부가 발표한 2023년 한국의 학교 폭력 1차 실태조사 결과에 따르면 학교 안에서 발생하는 폭력은 68.8%로, 27.3%인 학교 밖 폭력의 두 배 이상이었다. 그중 교실 내 폭력은 29%로 가장 높은 비율을 차지했다. 10년 만에 최대치를 기록한 학교 폭력 피해자 비율은 학교가 심리적 사각지대에 놓여 있음을 보여 준다.

여기서 셉테드의 가능성을 생각해 보자. 우리 사회에서 셉테드는 범죄 예방과 관련한 '어떤 장치'의 의미로 쓰이곤 한다. CCTV나 야간 보행 시 자동으로 불이 켜지는 조명 시스템, 버튼을 눌러서 빠르게 신고할 수 있는 장치 등 물리적인 구조물을 가리킨다. 주로 어두운 밤의 골목길 범죄 예방에 초점을 맞추고 있다. 이 역시 중요하게 고려해야 할 사항이지만 청소년들이 머무는 공간을 대상으로 할 때 셉테드의 의미는 달라질 수 있다. 청소년의 심리적 안정과 관계에 주목해야 하지 않을까?

  1970년대 초기 1세대 셉테드 가이드라인은 물리적 환경 개선에 주목했다. 예를 들어, 늦은 밤 공원에서 범죄 행위가 많이 일어난다면, 조명 시설을 늘려 공원을 밝게 유지한다. 자연적 감시를 강화해 밤에도 시민들이 안심하고 이용할 수 있도록 하는 것이다.

  1990년대의 2세대 셉테드는 커뮤니티 참여와 사회적 소속감을 강조한다. 주민들의 의견을 수렴해 공원에서 지역 축제, 영화 상영 등 이벤트를 조직한다면 이 공간은 지역 커뮤니티의 중심지로 변화한다. 이를 통해 주민들의 소속감과 연대를 강화할 수 있다.

  3세대 셉테드 디자인은 한 발짝 더 나아가 커뮤니티 구성원 개인의 정서적 안정을 추구한다. 공원을 한적하게 걸으면서 수목을 감상하는 동안 심리적 안정과 회복에 이르는 효과를 염두에 두는 것이다. 커뮤니티의 중심이자 사회적 만남의 장소가 개인의 삶에도 긍정적인 영향을 미치는 공간이 된다.

  셉테드의 의미 변화는 이전 세대의 개념을

포함하되 관점이 더 확장된 것으로 이해해야 한다. 환경 디자인이 물리적 공간을 넘어 사람들의 행동과 감정 그리고 지역 커뮤니티 건강에까지 영향을 미칠 수 있다는 인식을 바탕으로 한다. 2022년 인터뷰했던 국제셉테드협회International CPTED Association, ICA의 이사장 르네 번트Rene Burndt는 진정한 의미의 안전은 개방된 공간에서 실현된다고 말했다.

  개방된 공간의 장점은 뭘까? 소통과 참여를 촉진한다. 학교라는 공간을 셉테드의 관점에서 바라본다면 학교 폭력의 원인이 물리적 사각지대에만 있는 게 아니라 소통의 부재에서 비롯될 때가 많다는 점을 고려해야 한다. '어떤 장치'가 아니라 '관계'에 초점을 맞추는 개방된 공간이 청소년에게 안전할 수 있다.

  물론 이것은 교실과 넓은 운동장만 만들자는 이야기가 아니다. 균형이 중요하다. 누군가는 적극적으로 교류하며 대화를 나누고 싶어 할 수도 있고, 또 다른 누군가는 때로 혼자만의 시간을 보내고 싶어 할 수도 있다. 이들의 심리를 적절히 반영해 영역을 다채롭게 구성하고 선택지를 줄 때 청소년이 정서적으로 건강하게 발달할 수 있는 균형감 있는 공간이 되리라고 본다. 이런 터전이 곧 학교의 본질이기 때문이다.

  샌디 훅 초등학교 사례는 공간 설계의 기준을 다시 한번 생각하게 한다. 중요한 것은 이 공간을 이용하는 사람들이 그 안에서 어떤 경험을 하고 무엇을 누릴 수 있어야 하는지에 대한 고민이다. 설계자나 관리자의 시선이 아니라 직접 사용하는 사람의 시선에서 바라볼 수 있어야 한다. 좋은 공간이란 사용자의 시선으로 기준을 옮기는 것에서부터 시작된다.

넓은 창은 교내 폭력을 예방하는 장치가 된다. 진정한 의미의 안전은 개방된 공간에서 실현된다.

2장

숨겨진 Hidden

모든 것이 겉으로 드러나지는 않는다

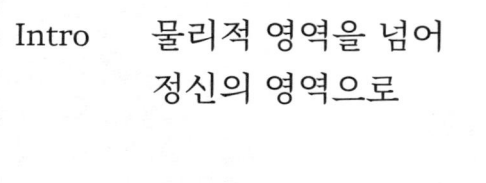

Intro 물리적 영역을 넘어
       정신의 영역으로

흔히 사람들은 휠체어를 타고 있거나 흰 지팡이를 짚고 있는 사람을 장애인으로 생각한다. 겉으로 드러나지 않으면 그에게 장애가 없다고 판단한다. 노벨상 수상자인 대니얼 카너먼Daniel Kahneman은 저서 《생각에 관한 생각Thinking, Fast and Slow》에서 인간의 사고 과정을 빠르고 직관적인 사고인 '시스템1'과 느리고 분석적인 사고인 '시스템2'로 설명했다.

휠체어를 이용하거나 흰 지팡이를 짚고 있는 사람을 보면, 우리의 시스템1은 즉각적으로 그를 장애인으로 판단한다. 겉으로 드러나지 않는 장애를 인식하려면 시스템2가 작동해야 한다. 표면적 정보에 의존하지 않고, 더 많은 정보를 수집하고 분석하는 과정이 포함된다. 결론적으로 눈에 보이지 않는 장애는 당사자가 직접 알리거나 그와 마주해 대화하지 않으면 알 수 없다.

포용적 디자인은 지금까지 주로 물리적인 영역에 집중해 왔다. 1990년대에 주류를 이뤘던 유니버설 디자인의 일곱 가지 원칙을 살펴보면 잘 알 수 있다. 적은 물리적 노력Low Physical Effort, 접근과 사용을 위한 충분한 공간Size and Space for Approach and Use, 실수에 대한 관용Tolerance for Error 등 주로 제품이나 공간 디자인에 관한 것이었다. 휠체어 이용자를 위한 경사로 설치, 자동문 도입, 책상이나 의자 높이 조절 등은 모두 물리적 접근성을 향상한 유니버설 디자인의 대표적인 사례다.

그 유명한 옥소Oxo의 감자깎이 칼도 빼놓을 수 없다. 모두 가시적인 디자인 결과물이다.

오늘날에는 보이지 않는 영역의 중요성이 커지고 있다. 미국 질병통제예방센터의 2024년 발표에 따르면 미국 성인의 약 27%는 장애와 함께 살아가고 있다. 그중 약 13%는 집중력, 기억력, 결정의 어려움 등 인지 장애가 있다.[1] 국내의 국민건강보험공단 건강보험 진료 데이터에서는 2023년 기준 최근 5년간 공황장애 진료 건수가 44.5% 증가했다.[2] 주의력결핍행동장애Attention Deficit/Hyperactivity Disorder, ADHD 환자 역시 2021년 10만 명을 넘어섰는데 2017년 대비 무려 92.9% 증가한 수치다.[3]

마이크로소프트는 2011년부터 접근성의 미래와 장애 포용성을 중점적으로 다루는 어빌리티 서밋Ability Summit을 개최해 왔다. 어빌리티 서밋은 마이크로소프트의 새로운 접근성 제품과 기술을 소개하는 자리이기도 하다. 2023년에는 2015년에 발간했던 포용적 디자인 가이드라인을 업데이트해 《포용적 디자인: 인지를 위한 가이드북Microsoft Inclusive Design for Cognition Guidebook》을 발간했다. 이와 함께 마이크로소프트 디자인 팀은 《미디엄Medium》에 기고한 글에서 포용적 디자인의 다음 단계는 '인지Cognition'라고 소개했다.

Inclusive Design's Next Chapter: Design for Cognition

인지는 정신의 영역이다. 누군가의 인지능력은 겉모습만으로 잘 드러나지 않는다. 마이크로소프트의 이런 움직임은 보이는 것에서부터 보이지 않는 영역까지 디자인의 지평이 확장되고 있음을 시사한다. 이를 통해 앞으로 디자인에서 중요하게 고려해야 할 방향성을 알 수 있다.

인지認知의 의미를 살펴보자. 한자에서 알 수 있듯이 무언가를 '안다', '이해한다'라는 뜻으로 주로 쓰인다. 표준국어대사전의 사전적 정의는 '어떤 사실을 인정해 앎'이다. 보다 넓은 의미의 정의도 찾을 수 있다. 옥스포드 영어 사전에서는 '지식과 이해가 마음속에서 발달하는 과정'으로, 케임브리지 영어 사전에서는 '의식적인 정신 과정의 사용'으로 설명한다. 두 사전 모두 인지가 단순한 지식의 획득이나 이해에 그치지 않고 정보를 처리하고, 문제를 해결하며, 결정을 내리는 등의 복잡한 정신 활동을 포함한다는 점을 강조한다. 인지심리학이나 인지과학에서의 인지는 이런 의미의 정의에 가깝다. 단순히 알고 이해하는 것을 넘어서는 '정신의 과정'을 뜻한다.

영국의 인지 기능 평가 소프트웨어 회사 케임브리지 코그니션Cambridge Cognition은 '정보를 얻고,

저장하며, 다루고, 다시 찾아내는 일련의 정신 활동'으로
인지를 정의한다. 이처럼 인지의 정의를 상세하게 소개한
이유는 앞으로 지속해서 언급할 핵심적인 개념이기
때문이다. 그렇다면 디자인에서 인지를 고려한다는 것은
어떤 의미이고, 이러한 관점은 어떤 배경에서 출발했을까?

    인지를 고려하는 디자인은 '정보를 이해하는
방식과 속도의 차이를 반영하는 디자인'이라 할 수 있다.
지금까지 제품 개발은 대개 평균적인 사용자의
인지능력에 초점을 맞춰 왔다. 그 대표적인 예가 모바일
앱이다. 복잡한 메뉴 구조, 한 화면에 담긴 과도한 정보량,
입력한 정보를 수정할 때 거쳐야 하는 까다로운 절차 등은
다양한 사람들의 디지털 인지력 차이를 충분히 고려하지
못한 결과다. ADHD, 자폐스펙트럼장애Autism Spectrum
Disorder, ASD 등 다양한 신경 발달 특성이 있는 사람들은 더
직관적인 접근을 선호할 수 있다. 화려하거나 변화가 많은
화면에서는 주의가 분산되거나 집중력이 떨어질 수 있기
때문이다.
    ADHD 당사자에게 더 적합한 환경을 만들면
모두에게 효과적인 정보 처리 경험을 제공할 수 있다.
간결하고 직관적인 디자인으로 정보 과부하를 줄이면
사용자가 필요로 하는 핵심 기능에 빠르게 접근할 수
있다. 이런 디지털 환경은 바쁜 일상에서 짧은 시간 안에

작업을 처리해야 하는 사람이나 디지털 인터페이스가 익숙하지 않은 사람 혹은 고령으로 인지가 저하된 사용자에게도 도움이 된다.

마이크로소프트는 평균적인 사용성만 고려하는 '특정 방식'에서 벗어나야 한다고 말한다. 그렇지 않으면 전 세계 약 20%로 추정되는 신경다양성neurodiversity 커뮤니티를 배제하는 것이라고 강조한다. 사실 신경다양성 특성이 있는 인구와 관련한 공식적인 통계는 없다. 장애에 대한 통계 기준이 국가별로 다르고 인식에도 차이가 있기 때문이다. 하지만 다음과 같이 살펴본다면 많은 인구가 신경다양인에 속한다는 것을 알 수 있다.

우선 ADHD, 자폐스펙트럼장애, 난독증 등의 의학적 진단을 받은 사람들이다. 신경다양인 혹은 발달적 조건Developmental Conditions에 차이가 있는 사람이라고도 말한다. 성장 및 발달 과정에서 뇌 구조나 기능에 영향을 미치는 조건에 차이가 있는 것이다. 학습과 의사소통, 사람들과의 상호작용, 감정 조절 능력 등에도 차이가 있을 수 있다. 대개 어린 시절 진단되며, 증상은 평생 지속되기도 한다.

둘째로 생애 주기적인 요인에 따라 나이가 들면서 인지 기능의 감소나 치매를 겪는 사용자들이 있다. 한국의 치매 환자 수는 지속적으로 증가하고 있는데, 보건복지부의 2023년 치매역학조사 및 실태조사 결과에 따르면 국내 치매 환자 수는 약 97만 명으로 2026년에는 100만 명, 2044년에는 200만 명을 넘어설 것으로 추정된다.

    세 번째로 일시적인 상황에 따라 인지적 차이를 경험하는 사용자들이다. 예를 들어, 전혀 알지 못하는 언어권의 나라를 여행한다면 대중교통을 어떻게 이용해야 할지, 식당에서 주문은 어떻게 해야 할지 난감할 수 있다. 또 수면 부족이 누적되면 누구나 과업 수행에 집중력이 떨어질 수 있다.

    이처럼 인지의 영역은 매우 광범위해서 이 책에서 그와 관련한 모든 디자인 요소를 다룰 수는 없다. 여기서는 ADHD, 난독증, 공황장애처럼 그동안 상대적으로 주목받지 못했던 인지적 특성이 있는 사용자에 대해 집중적으로 이야기하고자 한다. 이러한 사용자들의 요구를 반영한 사례는 향후 디자인의 방향성을 제시하는 중요한 첫걸음이 될 것이다.

- '치매癡呆'는 '어리석다'는 의미를 내포하고 있어 질병에 대한 편견을 조장한다는 지적이 제기돼 왔다. 한자 문화권인 일본과 홍콩, 대만, 중국 등에서는 치매 관련 용어를 인지증認知症, 뇌퇴화증腦退化症, 실지증失智症 등으로 변경해 사용하고 있다. 2025년 3월 더불어민주당 소속 남인순 의원은 치매 용어를 '인지저하증'으로 변경하는 '치매관리법 개정안'을 발의했다. 이 책에서는 '치매'와 '인지저하증'을 함께 사용했다.

1   시각화하지 않은 디자인은
     땅에 묻은 것과 같다

ADHD라는 이름

지하철을 탔다. 환승역인 왕십리역에 내려서 5호선으로 갈아타고 동대문역사문화공원역에서 내려야겠다고 생각했다. 문득 이번 역을 확인해 보니 뚝섬역. 왕십리역에서 두 정거장을 지나친 것이다. '계단 운동 좀 하면 되지' 하고 감정을 추스르며 반대편으로 가 지하철을 탔다. 그런데 이번에는 상왕십리역이다. 또 한 정거장을 지나치고 말았다. 세 번째 도전으로 다시 반대편 지하철에 올랐다. 눈을 들어 보니 한양대역이었다.

"내가 지하철에서 빠져나올 수 있을까? 조금 무섭기도 하더라고요. 잘 내리려고 정말 긴장하고 있었는데, 잠깐 딴생각하는 순간 지나쳐 버린 거예요."

ADHD 당사자로부터 들은 경험담이다. ADHD는 최근 몇 년 사이 한국에서 부쩍 많이 회자하는 용어다. 주의력이 부족하고 산만하며, 충동적인 과잉 행동을 나타내는 신경발달장애 중 하나로 분류된다. ADHD는 대부분 유전적 요인이 높다는 것이 전문가들의 의견이다. 전전두엽은 뇌에서 의사 결정과 충동 조절, 주의력 유지와 같은 인지 기능을 담당하는 부위인데, ADHD는 이 부분의 신경전달물질 분비에 문제가 생겨 집중력과 충동성에 영향을 받는다.

　　　《나는 오늘 나에게 ADHD라는 이름을 주었다》의 저자이자 임상심리학자인 신지수 님을 만났을 때 그는 ADHD 당사자가 크게 네 가지 주의력에서 문제를 겪는다고 말했다. 첫째, 중요한 자극에만 주의를 집중하고 불필요한 자극은 무시하는 선택 주의력이다. 예를 들어, 선택 주의력을 발휘하면 주변이 소란스러운 상황에서도 나를 찾는 목소리를 듣고 알아차릴 수 있다. 둘째, 두 가지 이상의 과제나 자극에 동시에 주의를 기울이는 분할 주의력이다. 전방을 주시하는 상태로 내비게이션을 보면서 운전하거나, 레시피를 들으면서 요리하는 것과 같다. 셋째, 특정 자극이나 활동에 오랜 시간 집중을 유지하는 지속적 주의력이다. ADHD 당사자는 이러한 주의력을 발휘하기 어렵다 보니 업무가 지루해지면 갑자기 중단하기도 한다. 넷째, 한 자극에서 다른 자극으로 유연하게 주의를 옮기는 능력인 전환 주의력이다. 전환 주의력이 떨어지면 회의 도중 다른 주제로 넘어갈 때 생각의 흐름을 놓치고 이전 주제에 머물거나, 책이나 영화를 보다가 방해를 받으면 다시 몰입하는 데까지 지나치게 오래 걸리기도 한다.

  ADHD 당사자의 상당수는 일상생활과 업무에서 여러 어려움을 겪는다. 특히 생산성과 관계가 깊다. 예를 들어, 보고서를 열 건 정도 검토해야 한다고 치자. 두 시간 안에는 끝내야 다음 일을 할 수 있는데, 정신을 차려 보니 여섯 시간 동안 한 건의 보고서를 검토했다. 절망적이다. 신지수 님은 "일에서 생기는 구멍을 메우고 약점을 보완하는 데 시간을 다 쓰다 보니 주말이나 주중 밤에도 일을 할 때가 많았다"라고 토로한다. 하지만 생각해 보자. 많은 시간을 들인 결과물이기 때문에 기복이 있을지언정 때때로 높은 성과로 이어지기도 한다. 우리는 ADHD와 함께 살아가는 사람들의 잠재력에 집중할 필요가 있다.

  ADHD를 고려한 디자인은 일의 효율성이 아니라, '당사자가 일과 삶에서 만족감을 느낄 수 있는 환경'을 만드는 데 목적이 있다. 그래서 집중을 돕거나 과업 수행을 원활하게 하는 데에서 그치지 않는다. 중요한 것은 각자가 자신만의 방식으로 몰입하고 성취감을 느낄 수 있는 환경을 만드는 일이다. 누구나 똑같은 방식으로 일하고 살아가야 한다는 관념에서 벗어나, 다양한 삶의 방식이 존중받는 사회를 전제로 디자인해야 한다. ADHD뿐 아니라 여러 인지적 특성이 있는 사람들 모두가 스스로 만족하는 삶을 꾸릴 수 있도록 안내하는 것이 우리가 지향해야 할 디자인의 방향이다.

생각의 전환을 불러일으키는 트리거

ADHD를 고려한 디자인에서 중요한 요소 중 하나는 트리거trigger다. 장시간 한 가지 일에만 집중하다가 다른 중요한 일을 놓치는 것을 방지하는 일종의 장치다. 알람은 그런 의미에서 유용한 도구다. 예를 들어, 포모도로 기법을 활용해 25분마다 울리는 알람은 사용자가 잠시 휴식을 취하고 다음 작업으로 넘어가도록 돕는 긍정적인 역할을 한다. TV를 켜 놓은 상태로 핸드폰을 봤는데 어느덧 일곱 시간이 지나 버렸다고 했던 한 인터뷰이는 자발적으로 행동을 억제하기는 어렵지만 "누군가 옆에서 한마디만 해준다면 언제든지 전환할 수 있다"라고 말했다.

기술이나 디자인 요소가 제공하는 트리거 외에 지인이나 커뮤니티 등의 관계도 긍정적인 역할을 한다. 각자 업무나 학습 상황을 공유하고 독려의 메시지를 주고받는 것만으로도 산만해지는 경향을 방지할 수 있다. 최근 집중력에 한계를 느끼는 Z세대 사이에서 열품타,

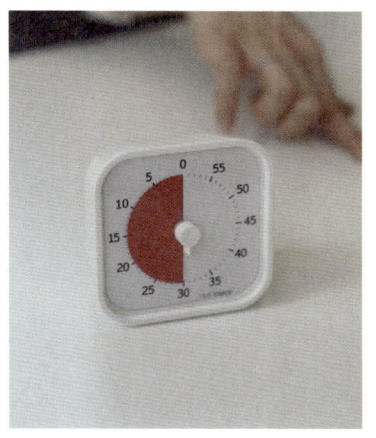 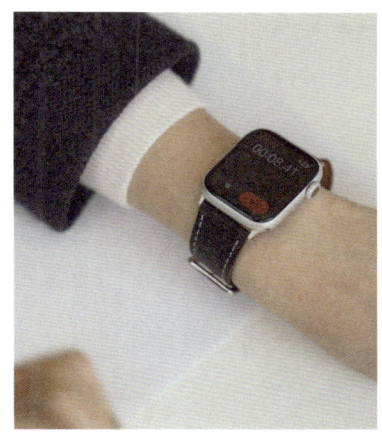

지나친 몰입의 흐름을 끊어 줄 수 있다는 점에서 포모도로 타이머나 디지털시계 알람은 유용한 트리거다.

투두 메이트, 캠스터디같이 약한 감시 형태로 커뮤니티 구성원이나 지인 들이 함께 공부할 수 있도록 하는 서비스가 유행하는 이유다.

    로봇 청소기나 식기세척기 같은 자동화 도구 역시 일상생활에 큰 도움을 준다. ADHD 당사자는 설거지하려다가 갑자기 핸드폰을 보면서 숏츠의 무한 루프에 빠져 버리기도 한다. 집안일 사이사이의 작은 틈새를 타고 다른 일에 몰두하는 경우가 생기는 것이다. 위의 가전 제품들은 사용자가 주의를 기울이지 않아도 자동으로 작업을 완료하므로, 가사에서 산만함으로 곤란을 겪는 일을 절대적으로 줄여 준다.

    특히 학습과 관련한 서비스라면 ADHD 당사자가

목표를 달성하지 못했을 때 '한 번만 더' 시도할 수 있도록
격려하는 메시지나 "잘하고 있어요"와 같이 긍정적인
피드백을 보내는 것이 중요하다. 피드백은 사용자가 진행
상황을 긍정적으로 인식하고 계속해서 도전할 수 있도록
동기를 부여하는 역할을 한다. 이러한 접근은 ADHD
당사자뿐 아니라 모든 사용자가 학습과 업무 성과를
향상하는 데 효과적인 방법이 될 수 있다.

시각화한 정보의 중요성

신지수 님은 "눈앞에 시각화되지 않은 정보는 마치 땅에
파묻어 둔 것과 같다"라고 말한다. 그만큼 어떤 과업을
정확하게 인지할 수 있도록 시각화한 정보가 중요하다.
그는 자신이 활용하고 있는 몇 가지 방법을 소개했다.

예를 들어, 읽어야 할 책의 표지에 목차 번호를
적은 포스트잇을 붙여 놓는다. 이러한 방식으로 어떤
부분을 읽었고, 어떤 부분이 남았는지 한눈에 확인할 수
있다. 놓칠 수 있는 부분을 시각적으로 분명하게 표시하는
것이다. 메시지를 주고받는 카톡방의 이름을 '11시 30분
회의'라고 표시해 메신저 앱으로 소통하는 도중에 회의
참석을 잊어버리는 일이 없도록 방지하기도 한다.

업무에서도 현재 하고 있는 작업과 완료한 작업을
명확히 구분하면 생산성을 높일 수 있다. '해야 할 일,

신지수 님은 책 표지에 목차 번호를 적어 놓고 읽은 부분을 확인한다. 정보를 최대한 시각화하는 것이다.

진행 중인 일, 완료한 일' 세 가지로 분류해 폴더를 정리하는 것도 효과적인 방법이다. 시각적 구분으로 각각의 작업 상태를 더 명확히 인식하면 다음 단계로 원활히 전환할 수 있다.

색상의 전략적 사용도 ADHD 당사자에게 중요한 도구다. 포스트잇의 색상을 규칙적으로 사용해 정보를 구분하기도 한다. 예를 들어, 분홍색은 나중에 다시 읽을 부분, 보라색은 타인에게 물어볼 부분, 파란색은 옮겨 적을 내용을 나타낸다. 파일을 정리할 때 파일명 앞에 색상별로 태그를 달아 놓거나 폴더별로 색상을 다르게 해서 구분하기도 한다.

선을 그을 때마다 색상이 불규칙하게 변하는 펜도 유용하다. ADHD는 도파민과 관련이 있어 자극이 충분하지 않으면 뇌가 마치 잠에 든 것처럼 기능할 수 있는데, 색이 불규칙적으로 나타나는 펜은 뇌를 깨우는 일종의 도구 역할을 한다. 일정 시간이 지나면 색이 증발하는 기화 펜을 사용하는 것도 마찬가지 이유다. 글을 읽을 때 밑줄을 치면서 집중을 유지할 수 있고, 30분 후에는 색상이 사라져서 문서를 깨끗한 상태로 다시 볼 수 있다. 이렇게 계속 밑줄을 치는 활동은 색으로 뇌를 자극해 지루함을 덜어 준다.

　　E-book 리더기를 사용할 때도 몰입하기에 좋은 글자 크기와 글줄 간격을 직접 설정할 수 있는지 여부가 독서에 큰 영향을 끼친다. 글씨가 너무 작거나 오밀조밀하면 주의 집중력을 방해하기 때문이다.

　　포괄적 디자인은 결국 '사용자화'가 얼마나 가능한지에 달려 있지 않을까? 장애의 스펙트럼은 매우 다양하다. 시각장애라도 누군가는 빛을 전혀 볼 수 없고, 누군가는 형체와 윤곽 정도만 구분할 수 있다. ADHD 증상 역시 앞서 말한 네 가지 주의력 문제에 따라 천차만별이다. 모두를 위한 디자인을 지향하더라도 이 모든 사용자 스펙트럼에 완벽히 부합할 수는 없다.

　　그렇다면 스스로 선택하고 자신에게 맞출 수 있는 '사용자화'를 얼마나, 어디까지 가능하게 할지가 관건이다. 개인의 필요에 맞춰 적응할 수 있는 환경을 제공할 때, 사용자는 더 넓은 자율성과 선택의 폭을 누릴 수 있다.

2 공황장애와 집중력 회복을 위한 디자인

공황 상태와 집중력의 상관관계

공황장애를 겪는 사람들은 증상이 발현되는 상황을
'극도의 공포', '주변의 모든 게 무너지는 듯한 느낌'이라고
표현한다. 공황장애는 갑작스럽게 공포감과 불안감을
느끼는 상황이 반복되는 정신건강장애다. 한국의
공황장애 인구는 가파르게 증가하고 있다.
국민건강보험공단에 따르면 2021년 기준 20만
540명으로, 2017년보다 약 45% 증가한 수치다.

갑자기 심장이 평소보다 빠르게 뛰는 것 같은 느낌이 들었다.
그리고 곧 쿵쾅대는 심장 소리가 무척 커다랗게 들리기
시작했다. 마치 두 귀에 음 소거 버튼이라도 눌린 것처럼 내
심장 소리를 제외하고는 그 어떤 소리도 들리지 않았다. 뭔가
문제가 생겼다는 걸 알았지만 당장 어쩔 도리가 없었다.[4]

내가 공황장애에 대해 알게 된 것은《지하철이 무섭다고 퇴사할 순 없잖아》의 김세경 작가를 인터뷰하면서부터. 김세경 님은 어느 날 지친 마음으로 탄 지하철에서 처음 공황을 맞닥뜨렸다. 그에 따르면 공황은 "어느 것에도 집중하기 어려운" 상황이다. 그 당시 심장 소리가 너무 크게 들려 안내 방송이 들리지 않을 정도였던 그는 사람들을 밀치며 겨우 지하철에서 내릴 수 있었다. 공황 상태로 임해야 했던 프레젠테이션에서는 무슨 말을 했는지도 전혀 기억하지 못한다고 했다. 공황 상태가 아닐 때도 공황이 올 것만 같은 '예기 불안'으로 집중에 어려움을 겪는다.

　　그와 대화하면서 '우리 몸에 항상 지니고 다니는 디지털 기기가 도움이 되지는 않을까?' 하는 생각이 들었다. 공황에서 어떻게 벗어날 수 있는지 여러 가지로 질문했고, 그가 사용했던 방법들에서 힌트를 얻을 수 있었다.

공황 상태를 벗어나게 하는 장치

요한 하리Johann Hari의《도둑맞은 집중력Stolen Focus》에서는 집중력을 세 가지로 나눈다. 첫째, 스포트라이트Spotlight는 즉각적인 행동에 초점을 모으는 집중력이다. 운전하거나, 커피를 마시거나, 요리하는 등 어떤 단기적인 행동에 몰입하는 능력이다.

둘째, 스타라이트Starlight는 장기적인 목표를 달성하게 하는 집중력이다. 어떤 작업에 몰입하다 보면 지금 어느 방향을 향해 달려가고 있는지 놓칠 때가 있다. 스트라이트는 항해할 때 멀리 빛나는 별의 방향을 따라가듯이 오래 걸리더라도 목표로 향하게 하는 집중력을 말한다.

셋째, 데이라이트Daylight는 밝은 햇빛 아래에서 주변 상황을 명료하게 바라볼 수 있는 것에 비유한 집중력이다. 스타라이트가 장기적인 목표에 작용한다면 데이라이트는 내가 누구이고 무엇을 하고 싶었는지를 깨닫는 것으로, 현재 상황을 직시하게 한다.

공황 상태에서는 스포트라이트와 데이라이트가 급격하게 빛을 잃는다고 볼 수 있다. 두려움에서 비롯된 이른바 가짜 생각이 휘몰아친다. '여기서 죽어 버릴지도 몰라', '난 완전히 갇혀서 아무것도 못 해' 같은 생각이 소용돌이치는 공황 상태에서 이성적이고 합리적인 판단으로 돌아오려면 스포트라이트와 데이라이트를 켤 수 있는 트리거가 필요하다. 부정적인 생각을 끊고 진짜 현실을 보는 장치 말이다.

김세경 님은 공황을 겪을 때를 대비해 '난 언제든 내릴 수 있어', '난 여기에 갇힌 게 아니야' 같은 이성적이고

공황을 겪을 때, 스마트워치 바탕화면에 띄워 둔 사진과 메시지가 이성적이고 합리적인 판단을 이끄는 트리거가 될 수도 있다.

합리적인 생각의 목록을 메모지에 써서 지갑에 넣고 다녔다. 지하철에서 갑자기 공황을 맞닥뜨렸을 때 다음 정차역에서 내릴 수 있도록 데이라이트를 켜는 도구로 활용한 것이다. 그 효과는 좋았지만 지갑을 잘 안 들고 다녀서 사용하지 않게 됐다고 한다.

 또한 명상이나 호흡법도 현재의 감각으로 돌아오는 데 도움이 됐다고 했다. 그렇다면 늘 지니고 다니는 스마트폰이나 스마트워치가 심리적 안정을 돕는 도구의 역할을 할 수 있지 않을까? 스마트 기기에 호흡법 안내 기능을 내장해 필요할 때 바로 사용할 수 있도록 하는 것도 하나의 방법이 될 것이다.

공황 증상이 발생할 때 명상 앱을 활용해 심리적 안정을 찾을 수도 있지만, 위급한 상황에서는 조금 더 적극적으로 기기가 사용자의 상태를 알아차리고 메시지를 띄우는 기능이 도움이 될 것이다.

    명상법이나 호흡법을 안내하는 앱을 사용하려면 사용자가 앱을 활성화해야겠다고 판단하고 동작을 수행하는 과정이 이어져야 한다. 하지만 공황 상태에서는 '뭔가를 찾아서 들어야겠다'라는 생각조차 떠올리기 어려울 수 있다. 적극적인 개입이 필요하다.

    스마트워치처럼 몸에 지니고 다니는 기기에서 심박수나 호흡 패턴과 같은 생체 신호를 모니터링해 공황에 빠지려는 사용자에게 말을 건넨다면 어떨까? 안정감을 찾는 데 도움이 되는 행동을 유도하면 긴장과 불안이 걷잡을 수 없이 커지기 전에 대응할 수 있을 것이다. 스마트워치에는 이미 사용자가 낙상을 당했을 때

충격을 인지하고 119나 지정해 둔 지인에게 도움을
요청하는 기능이 탑재돼 있다. 그렇다면 사용자가 스스로
조치할 수 있도록 돕는 기능도 내장할 수 있지 않을까?

　　　물론 기기가 늘 개입하면 간섭이 될 수도 있다.
심박수나 호흡이 조금 빨라졌을 뿐인데 기기가 '공황이
시작될 수 있습니다. 깊게 호흡하세요' 같은 메시지를
계속 띄운다면, 사용자는 짜증을 느낄뿐더러 감시받는
기분이 들 수도 있다. 따라서 기기의 모드를 사용자가
원하는 방향으로 빠르게 전환할 수 있어야 한다. 공황을
겪는 사람의 사용자 경험User eXperience, UX 측면에서는
'어떻게 기기가 사용자의 사고 흐름을 안정적인 방향으로
유도할 수 있을 것인가?'를 고려하는 것이다.

　　　김세경 님은 스마트워치 바탕화면에 가족사진을
넣어 놓았다. 공황으로 힘들었던 당시에는 스마트워치가
없었는데, 만약 스마트워치에서 가족사진을 볼 수
있었다면 훨씬 빠르게 생각을 전환할 수 있었을 것이라고
했다.

　　　개발 과정에서 우리는 종종 결과나 목적에만
시선을 고정한다. 사용자가 편리하다고 느끼게 하거나,
즐겁게 사용하게 하거나, 정보를 즉시 얻거나, 멋진
사진을 찍도록 돕는 등 구체적인 목적에 매달리는 것이다.
하지만 그 이면에는 사용자의 심리적 안정과 안전이라는

가치가 있다는 것을 잊지 말아야 한다.

　　　　개발 과정에서 우리는 이런 질문을 계속 던져야 한다. "만약 사용자의 심리가 불안하거나 압박감을 느끼는 상황이라면, 무엇을 할 수 있을까?" 그것이야말로 표면적인 것만 디자인하는 데 그치지 않고 숨겨진 것들 속에서 중요한 사용자 가치를 찾아내는 일이다.

3 트라우마 기반 디자인과
　　심리적 회복

　　　　트라우마, 꺼내고 싶지 않은 기억

고대 그리스어에서 비롯된 트라우마Trauma의 어원은
'상처' 또는 '부상'을 의미한다. 신체적 상해를 가리키는 데
주로 사용됐던 단어지만 현대 심리학에서는 심리적
상처를 설명하는 데 사용된다. 한국보건사회연구원이
2022년 발간한 보고서 〈한국 청장년의 트라우마 실태〉에
따르면 한국의 20~50대 청장년 89.9%가 평생 적어도
한 가지 이상의 트라우마를 겪는 것으로 나타났다.
　　　폭력, 재난 등 감당하기 어려운 극심한 사건은
개인의 정신 건강에 깊은 영향을 미치며 장기적인 심리
문제로 이어지기도 한다. 외상후스트레스장애Post-traumatic
Stress Disorder, PTSD가 그렇다. 반복적으로 사건이
떠오르기도 하고, 기분이 부정적으로 변하거나 과민 반응,
각성 등의 상태가 일어나기도 한다. 삶에 대한 집중력도

떨어진다.

그렇다면 디자인은 이런 증상을 겪는 사람들을 위해 어떤 역할을 할 수 있을까? 트라우마로부터의 회복을 돕는 디자인 접근 방식을 트라우마 기반 디자인Trauma Informed Design, TID이라고 부른다. 한국에서는 익숙하지 않은 주제라 용어 자체가 낯설게 느껴질 수 있는데, 해외의 사례들은 보통 공간과 연결된다. 안정감을 주는 조명, 따뜻함과 편안함을 전달하는 색상, 조용하고 평화로운 음악 등 사용자가 겪는 트라우마의 영향을 최소화하고 회복할 수 있도록 공간에 여러 조건을 마련한다. 심리적 치유를 위한 공간 디자인이라고 할 수 있다.

그런데 공간 외의 영역에도 이런 트라우마 기반 디자인을 적용할 수 있을까? 우리가 빈번하게 사용하는 제품과 서비스에서도 회복과 치유를 경험할 수 있다면 더 의미 있을 것이다. 예를 들어, 앱 서비스에서는 어떤 시도가 가능할까? 나는 〈재난을 위한 디자인: 트라우마 기반 제품 개발에서 얻은 다섯 가지 교훈〉이라는 글에서 상당한 영감을 얻을 수 있었다. 에어비앤비Airbnb가 세운 비영리재단 Airbnb.org의 경험 디자인 리드 역할을 맡고 있던 애니 우Annie Wu가 쓴 글이다. 코로나 19 팬데믹 기간에 의료 종사자들을 고려해 에어비앤비 앱을

에어비앤비의 프론트라인 스테이 프로그램. 코로나19 관련 의료 종사자들에게 무료로 숙소를 제공할 호스트를 모집해 의료진에게 휴식의 기회를 전했다. 현재는 종료됐다.

개선했던 사례를 기반으로 한 내용이었다. 애니 우와 줌으로 대화를 나눴고, 당시 진행했던 프로젝트에 관해 자세하게 들을 수 있었다.

코로나 19 팬데믹 동안 많은 의료 종사자가 현장에서 매일 죽음을 목격하며 정서적인 어려움을 겪었다. 미국 뉴욕주에서는 호흡기 부족으로 의료진이 어떤 환자에게 인공호흡기를 제공할지 결정해야 하는 도덕적 딜레마에 처하기도 했다. 마치 침몰해 가는 배에서 몇 안 남은 구명조끼를 두고 누구를 구할지 정해야 하는 것처럼 말이다.

에어비앤비는 지쳐 있는 의료 종사자들을 위해 2020년 3월 프론트라인 스테이Frontline Stays라는 프로그램을 시작했다. 이 프로그램은 의료 종사자들이 병원에서 강도 높은 업무를 마친 뒤 인근에서 무료로 숙박 시설을 이용할 수 있도록 하자는 취지에서 시작됐다. 에어비앤비는 의료진의 과부하 상태에 초점을 맞췄다. 의료 종사자들은 매우 긴장된 상태에서 12시간 근무를 마친 뒤 머물 수 있는 숙소를 찾아야 했기 때문에, 기존의 사용자가 여행을 위해 숙소를 예약하던 것과는 상황이 달랐다.

이처럼 정신적, 육체적으로 피로한 상태에 놓인 사람들이 접근하기 쉬운 서비스를 마련하는 것이 주요 과제였다. 또한 호스트의 입장도 고려해야 했다. 혹시라도 코로나 19에 감염된 의료진이 집 안에 머물게 됐을 때 호스트와 그 가족의 건강이 위협받지 않아야 했다. 무료로 숙박을 제공함으로써 발생할 수 있는 손실도 따져야 했다.

심리적 안정과 통제감을 위한 인터페이스

스트레스를 감당하고 있는 사람들, 특히 의료 현장에서 잠시 벗어났다가 복귀해야 해서 짧은 시간 내에 숙박 여부를 결정해야 했던 당시 의료진은 어떤 형태의 '지시'나 '압박'에 민감할 수 있었다. 프론트라인 스테이는 그들에게 어떤 결정을 강요하는 것처럼 다가가지 않도록 설계하는 데 주의를 기울였다.

에어비엔비는 사용자가 환경을 제어하고 있다고

느낄 수 있도록 선택권을 주기로 했다. 리뷰 보기가 그렇다. 최근에는 앱 서비스에서 건너뛰기Skip this step 버튼을 흔히 볼 수 있지만 당시에는 이런 서비스가 드물었다. 에어비앤비 앱에서는 숙소에 대한 리뷰 카테고리를 건너뛸 수 있게 했다. 그 대신 필요할 때마다 이 과정으로 돌아올 수 있도록 옵션Save&Exit을 제공했다. 선택권을 줌으로써 사용자의 현재 상태를 존중하는 것이다.

많은 앱 서비스에서 자동으로 적용되는 '디폴트 설정'을 생각해 보자. 사용자가 별도의 조치를 취하지 않으면 자동으로 특정 서비스에 참여하게 만든다. 예를 들어, 회원으로 가입하며 관련 소식을 받겠다는 체크 박스를 클릭했는데, 메일 계정에 서비스 이벤트부터 최근 동향까지 과잉 정보가 도착하는 일이 생긴다.

물론 이런 운영이 사용자에게 편리할 때도 있다. 애니 우가 예시로 든 음악 청취 서비스 앱 스포티파이Spotify에서는 사용자의 청취 기록과 선호도를 분석해 맞춤형 플레이리스트를 만들어 준다. 또 세금 공제 서비스 앱인 터보택스TurboTax는 이전에 사용한 정보를 자동으로 활용해 서비스 속도를 높였다. 사용자 경험 측면에서 이런 자동 설정 서비스가 만족감을 줄 수 있다.

하지만 에어비앤비 담당자들은 프론트라인 스테이를 제공하는 호스트들에게 자동 설정 역시 '강요'나

무언의 '압박'처럼 전달되지는 않을지 그들의 심리 상태를 면밀히 고려했다. 가족의 안전이 위험에 처할 가능성이 있거나 금전적 손실이 발생함에도 기꺼이 집의 일부를 내놓는 호스트의 상황은 임대료를 받고 공간을 제공하는 것과는 다르기 때문이다. 따라서 '누구를 도울 것인가?'에 대한 선호도 체크에도 전적으로 호스트의 생각을 반영할 수 있도록 구성했다.

  단어에 담긴 미묘한 뉘앙스를 발견하고 그 차이를 반영하는 일 역시 디자인에서 매우 중요하다. 킴 닐슨이 《장애의 역사》에서 강조했듯이, 단어 선택은 관점을 형성한다.

> 나는 작가로서 사용하는 단어를 신중하게 선택한다. 단어는 중요하다. 예를 들어, 누군가를 "휠체어에 속박된", "휠체어에 구속된"이라고 말하는 것은 "휠체어 사용자"나 "휠체어 탑승자"라고 부르는 것과 근본적으로 다르다.[5]

  예를 들어, "장애인을 위한 디자인"과 "장애인을 고려한 디자인"에는 미묘한 차이가 있다. '위한다'는 표현은 시혜적이거나 일방적인 도움을 준다는 관점을 바탕으로 한다. '고려한다'는 것은 조금 더 포괄적으로 '함께' 생각한다는 의미다.

  에어비앤비에서는 이처럼 단어가 내포하는 의미를

중시해 '리뷰Review'를 '피드백Feedback'으로 바꿨다. 사용자가 남기는 리뷰는 보통 제품과 서비스를 '평가'한 결과다. 그런데 호스트가 기꺼이 무료로 제공한 숙소를 이용하는 의료진은 평가를 어색하게 느낄 수 있다. 따라서 숙박 경험을 평가하기보다는 '다음에는 무엇이 나아질 수 있을까?'에 초점을 맞춰 더 개방적이고 건설적인 대화를 모색할 수 있도록 '피드백'이란 단어로 대체했다.

한편 긴 시간 근무하며 중증 환자를 돌보는 의료진에게 홈페이지나 앱에서 마주하는 화려한 애니메이션과 아이콘, 상세한 소개 등은 부담일 수 있다. 사용자의 이목을 끌기 위한 요소가 디자인을 돋보이게 하는 것은 사실이다. 그러나 기분을 들뜨게 하려는 노력이 지쳐 있는 사람들에게 피로감을 더하는 결과를 가져오기도 한다. 따라서 디자인 요소를 심미적으로 화려하게 꾸민다는 욕심을 버리고 핵심 정보만 간략하게 나열했다.

나 역시 때로는 수많은 업무와 감당해야 할 책무로 심리적 과부하 상태가 된다. 나도 모르게 예민해지고, 타인의 행동에 약간의 불편함만 느껴도 민감하게 반응하기도 한다. 에어비앤비의 트라우마 기반 디자인 사례는 특정한 상황에 놓인 사람들뿐 아니라 모든 사용자를 고려할 때도 중요한 참고가 된다. 압박감은 의료 종사자들만 겪는 것이 아니라, 누구나 경험할 수 있기 때문이다. 긴장된 마음으로 면접을 보거나 프로젝트 마감을 앞둔 사람, 매일 고객 불만을 처리하는 고객센터 직원이나 반복적인 야근에 시달리는 사람 등도 그 예다.

서비스와 공간을 설계할 때는 기능적 편의성만이 아니라 사용자가 느낄 심리적 무게까지 함께 살펴야 한다. 그가 겪는 환경에서 이 서비스를 이용할 때, 이 공간에 들어섰을 때의 감정을 이해하는 것이다. 앞서 공황장애와 집중력 회복을 위한 디자인을 다루며 사용자가 빠르게 반응할 수 있는 '전환'에 대해 이야기했다면 여기서는 언어 표현 하나까지도 고민하는 것이 디자인의 과정이다. 그 표현을 고려하는 것 자체가 메시지다. 우리가 당신을 그만큼 생각하고 있다는 증거다.

4 숨겨진 장애,
   난독증을 고려한 디자인 요소

숨겨진 장애, 난독증

세호는 초등학교 2학년인데 아직 한글을 제대로 읽지 못한다.
받침 없는 글자는 대체로 읽을 수 있지만 받침이 있는 글자나
전에 본 적이 없는 글자를 읽을 수 없다.
세호는 수업 시간에 주어지는 과제를 할 수도 없으며
시험문제를 혼자 풀 수 없어 선생님이 읽어 줘야 한다.
선생님이 읽어 주기만 하면 점수가 좋은 편이고 수업을 듣고
잘 이해할 수 있다. 희한하게도 받아쓰기는 전날 어머니와
20~30분 같이 연습하면 한두 개밖에 틀리지 않는다.
초등학교 1학년 때 교사는 집에서 안 시켜서 한글이 늦은
것일지도 모르니 집에서 열심히 시키라는 조언을 하고 아이가
기죽지 않도록 배려해 줬다. 세호는 점점 학교 가기 싫어하고
어두운 표정으로 집에 올 때가 많다. 세호 어머니는 대안학교나
홈스쿨링을 알아봐야 하는지 고민하고 있다.

– 한국난독증협회 〈교사용 가이드〉 중

난독증이란 글자를 읽고 이해하는 데 곤란을 겪는 증상을 말한다. 난독증이 있는 사람들이 마주하는 문제는 여러 가지다. 글자가 다른 글자처럼 보이거나, 뒤섞여 보이거나, 글자를 생략해 읽기도 한다.

우리가 글을 읽고 뇌에 받아들이는 과정은 크게 '인식'과 '해석' 두 단계로 나뉜다. 난독증은 이 두 과정 모두에 어려움을 겪는 증상이다. 예를 들어, 'cat'이라는 단어를 'tac'으로 보거나 'car'처럼 전혀 다른 단어로 인식할 수도 있다. 단어를 잘못 인식하면 결국 해석이 달라진다. 글의 전체적인 맥락을 이해하는 데도 영향을 미친다.

이러한 증상은 글자를 모르거나 지능이 낮은 것과는 전혀 관계가 없다. 난독증은 신경학적 원인으로 발생하는 학습장애이며, 많은 경우 선천적인 요인에서 비롯한다. 글을 읽는 동안 난독증이 있는 사람의 뇌에서 활성화되는 영역은 난독증이 없는 사람들과 다르다. 영국의 국영 의료 서비스 시스템 NHS에서는 정도의 차이가 있지만 전체 인구의 약 10%가 난독증이 있을 것으로 추정한다.[6] 국제난독증협회International Dyslexia Association는 미국 인구의 약 15~20%가 느린 읽기, 철자 오류, 글쓰기 어려움 등의 난독증 증상을 경험한다고

설명한다.[7]

　　　난독증은 관계에도 영향을 끼친다. 초등학교에 진학한 어린이가 글자를 읽는 데 어려움을 겪고, 과제를 진행하거나 간단한 문제를 푸는 데 시간이 오래 걸릴 때 느끼는 답답함과 우울함은 이루 말할 수 없다. 학업 수행의 장벽은 또래와의 관계 형성에도 영향을 준다. 난독증이 있는 자녀를 둔 한 부모는 학교에 간 뒤로 아이가 부정적인 말을 내뱉는 일이 늘었고 친구들이 아이를 멀리하는 것 같다고 전했다. 적응하지 못하는 아이를 볼 때마다 부모의 마음은 새카맣게 타들어 간다.

　　　난독증은 신체적으로 드러나지 않아 '숨겨진 장애 Hidden Disability'라고 불린다. 앞서 이야기한 공황장애나 ADHD 역시 숨겨진 장애라 할 수 있다. 그러다 보니 주변의 이해가 부족하고, 제도적 지원도 열악해 당사자와 가족들은 힘든 시간을 보낸다. 난독증이 있는 사람들을 고려할 때 디자인은 어떤 역할을 할 수 있을까?

　　　　　난독증과 구조적 디자인

인터뷰로 만난 채혜선 님은 테크 기업에서 그래픽 디자이너로 일하고 있다. 그는 2014년 난독증 집중 취재로 방영한 EBS 뉴스에서 '난독증을 위한 서체를 만든 디자이너'로 소개된 바 있다. 난독증 당사자이자

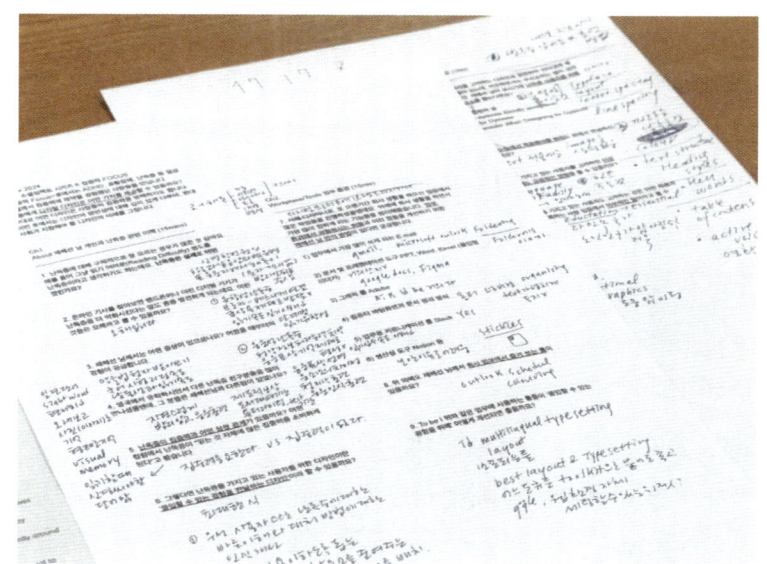

엑셀 파일로 인터뷰를 위한 질문지를 보내자, 채혜선 님은 문서를 2단으로 나누고 질문 간 간격을 널찍이 띄어서 직접 문서를 출력해 왔다. 본인의 의견은 손으로 썼다. 그래야만 시각적으로 명료하게 구별할 수 있기 때문이다. 프린트한 고딕체와 색깔이 다른 손 글씨체가 구분돼 본인이 쓴 글자임을 인지할 수 있다. 그만의 방법이다.

디자이너로서 경험이 많은 만큼 난독증을 고려한 디자인이 무엇을 지향해야 하는지 다채로운 대화를 나눌 수 있었다. 채혜선 님은 뉴스 보도 당시에는 당사자들이 쉽게 읽을 수 있는 서체를 개발하는 데 집중했지만, 지금은 개별적인 서체보다도 화면의 구조적 측면이 훨씬 더 중요하다고 말했다.

난독증이 있는 사람은 글을 읽는 데 온 신경을

집중해야 한다. 단순히 피로도가 높은 정도가 아니라 멀미나 두통이 생기기도 한다. 그래서 난독증을 고려하는 디자인이라면 집중력 발휘에 소모하는 에너지를 최대한 줄이고 쉽게 읽을 수 있도록 해야 한다. 채혜선 님은 이를 가능하게 하는 방법을 명료하게 설명해 줬는데, '시각적 분별성을 높이는 것'이다.

난독증이 있는 사람들에게는 글자의 형태가 비슷해 보이거나 서로 뭉쳐 보이기도 한다. 예를 들어 'b'와 'd', 'p'와 'q' 같은 글자는 모양이 비슷해 혼동할 수 있어 철자가 잘 분별되는 알파벳 서체를 사용해야 한다.

또 텍스트가 너무 촘촘하게 배열돼 있으면 한 줄에서 다음 줄로 시선을 이동할 때 쉽게 길을 잃거나, 같은 줄을 반복해서 읽을 수 있다. 수많은 단어와 문장으로 이뤄진 글에서 중요하게 포착해야 하는 단어가 있다면 그 단어가 시각적으로 잘 구별돼야 한다.

그렇다면 어떻게 해야 시각적 분별성을 높일 수 있을까? 화면의 구조적 측면, 글쓰기 기법, 소재, 비주얼 요소 등을 생각해 볼 수 있다.

우선 화면 구조, 즉 레이아웃을 살펴보자. 한 화면에 여러 부문이 포함되더라도 명확하게 분할하면 쉽게 식별할 수 있다. 예를 들어, 뉴스 웹사이트에서는 그날의 가장 중요한 기사를 맨 상단에 큰 글씨와 이미지로 표시한다. 그 아래에 경제·스포츠·문화 등 카테고리별로 색상이나 배경을 달리해 배치할 수 있다. 각 부문 사이에는 선을 긋거나 충분히 간격을 둬 구획을 분명하게 한다. 전자 상거래 웹사이트라면 '추천 제품'과 '베스트셀러' 부문을 서로 다른 배경 색으로 구분하는 식이다. 이러한 배치는 사용자가 특정 정보를 쉽게 찾을 수 있도록 돕는다.

    텍스트 배열에서 문단마다 서체나 글자 크기에 차이를 두는 방식도 좋다. 주요 제목은 큰 글자로 굵게 표시하고 부제목에는 중간 크기, 본문에는 작은 크기의 서체를 사용한다. 이렇게 하면 사용자가 글을 읽을 때 정보의 계층 구조를 쉽게 파악할 수 있다. 한 문장이 너무 길지 않도록 하는 것도 좋다. 짧고 명확한 문장은 내용을 빠르게 이해하는 데 도움을 준다. 긴 문장에 비해 시각적 부담도 적다.

    문단 모양은 좌측 정렬 left-align 로 반영하면 문장의 끝 지점을 명확하게 볼 수 있다. 양측 정렬 justified text 은 텍스트의 양쪽 가장자리가 정리돼 보이는 장점이 있지만, 글자 간격이 불규칙해지는 현상으로 읽기에 어려움을 줄 수도 있다. 반면 좌측 정렬은 모든 줄의 시작점이 왼쪽에 고정돼 문장의 흐름을 한눈에 파악하기 쉽다. 시선을 이동할 때 혼란을 줄이고 어느 지점에서 문장이 끝나는지 정확히 알 수 있다.

문단 모양은 좌측 정렬left-align로 반영하면 문장의 끝 지점을 명확하게 볼 수 있다. 양측 정렬justified text은 텍스트의 양쪽 가장자리가 정리돼 보이는 장점이 있지만, 글자 간격이 불규칙해지는 현상으로 읽기에 어려움을 줄 수도 있다. 반면 좌측 정렬은 모든 줄의 시작점이 왼쪽에 고정돼 문장의 흐름을 한눈에 파악하기 쉽다. 시선을 이동할 때 혼란을 줄이고 어느 지점에서 문장이 끝나는지 정확히 알 수 있다.	문단 모양은 좌측 정렬left-align로 반영하면 문장의 끝 지점을 명확하게 볼 수 있다. 양측 정렬justified text은 텍스트의 양쪽 가장자리가 정리돼 보이는 장점이 있지만, 글자 간격이 불규칙해지는 현상으로 읽기에 어려움을 줄 수도 있다. 반면 좌측 정렬은 모든 줄의 시작점이 왼쪽에 고정돼 문장의 흐름을 한눈에 파악하기 쉽다. 시선을 이동할 때 혼란을 줄이고 어느 지점에서 문장이 끝나는지 정확히 알 수 있다.

좌측 정렬 문단(왼쪽)과 양측 정렬 문단(오른쪽). 좌측 정렬일 때 문장의 끝 지점을 쉽게 파악할 수 있다.

글의 줄 간격을 넉넉히 설정하면 한 글줄의 끝에서 다음 글줄의 시작 사이를 쉽게 구분할 수 있어 글을 읽어 내려가다가 길을 잃지 않는 데 도움이 된다.

문장 구성 역시 읽기에 영향을 미친다. 장황하고 긴 문장보다는 간결한 능동형 문장이 내용을 명확하게 전달하는 데 효과적이다. 문장 호흡이 길면 내용을 정확히 이해하는 데 시간이 더 걸린다. 수동형 문장은 '행동의 주체'가 '어떤 동작'을 '받는' 형태로 표현해 해석에 부담을 준다. 반면 능동형 문장은 주체가 동작을 직접 수행하는 형태이므로 누가 무엇을 했는지를 쉽게 파악할 수 있다. 예를 들면, 다음과 같다. 어떤 문장이 더 와닿는가?

수동형: 새로운 법안은 국회의원들에 의해 통과됐고, 이는 22대 총선에서 뽑힌 의원들의 첫 주요 활동 중 하나가 됐다.

능동형: 22대 총선에서 뽑힌 국회의원들은 첫 주요 활동으로 새로운 법안을 통과시켰다.

색, 아이콘, 픽토그램과 같은 비주얼 요소를 활용하면 정보를 더 쉽게 식별할 수 있다. 안전을 위한 안내문이라면 필수적이다. 지하철 역사에 비치된 자동 심장 충격기AED를 떠올려 보자. 당장 이 장치를 써야 하는 긴급 상황에서 설명서 없이도 작동 방법을 이해할 수 있는 사람이 얼마나 될까? 만약 사용법이 긴 문장으로 쓰여 있다면 긴박한 상황에서 당황할 수 있다. 반면 직관적인 그림이나 픽토그램 같은 이미지 몇 개만으로도 어떻게 해야 하는지 파악해 즉각적으로 행동할 수 있다.

숫자 배열도 마찬가지다. '01, 02, 03, 04'와 같이 앞에 0을 붙인 형식보다 '1, 2, 3, 4'처럼 단순하게 쓴 쪽이 더 구분하기 쉽다. 0이 붙으면 시각적으로 공통 요소가 많아 혼란스러울 수 있다. 간단하게 1, 2, 3, 4로만 쓰면 각 숫자의 형태가 명확히 드러나서 구별이 용이하다.

피로를 줄이기 위한 소재 선택도 중요하다. 너무 밝고 반사가 많은 광택지에 인쇄하면 눈의 피로를 가중해 글자에 집중하기 어려울 수 있다. 광택이 없는 종이가

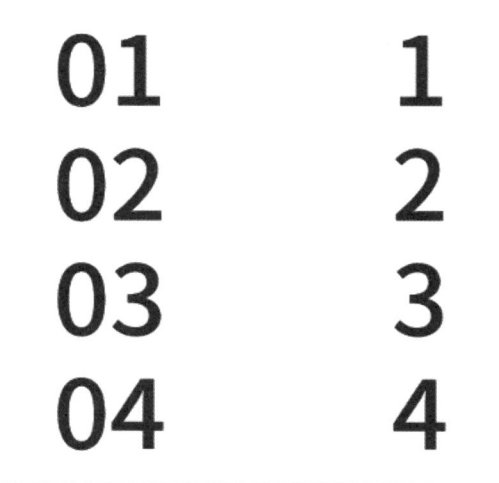

01, 02, 03, 04로 배열한 쪽과 1, 2, 3, 4로 배열한 쪽 중 어느 쪽이 더 구분하기 쉬운가? 1, 2, 3, 4처럼 명확하게 쓰여 있는 편이 분별하기 쉽다.

글의 집중에는 더 도움이 된다. 너무 얇아서 뒷면의 글자가 비치는 종이 역시 시선을 분산시켜 집중력을 떨어뜨린다. 적당히 두꺼운 종이를 사용해 해당 페이지의 내용에만 집중할 수 있도록 유도하는 것이 바람직하다.

 지금까지 소개한 요소가 난독증 당사자에게만 유익한 것은 아니다. 모국어가 아닌 언어로 정보를 접해야 하는 사람에게도 유용하다. 이들 역시 낯선 문자 구조를 익히는 데서 인지 부담을 경험하고 글자를 읽고 해석하는 과정에 많은 노력과 시간을 들여야 하기 때문이다.

법무부의 출입국 통계에 따르면 2024년 기준 한국 체류 외국인은 약 260만 명으로, 전체 인구의 5%를 넘어 국내 인구 20명 중 한 명은 외국인이다. 따라서 난독증을 고려한 디자인은 한국에서 한글로 된 정보를 읽어야 하는 외국인들의 정보 접근에 도움을 줄 수 있다.

      채혜선 님과의 대화를 마무리하며 디자이너의 역할에 대해 질문했을 때 그는 '스피커 speaker'로서의 역할을 강조했다. 목소리를 내는 디자이너는 미학적인 영역을 넘어 사회에 메시지를 전달한다. 의료 전문가나 교육자만 난독증에 관해 이야기할 수 있는 것은 아니다. 난독증이 있는 디자이너라면, 혹은 장애가 있는 기획자나 개발자라면, 자신의 관점에서 어떤 방식으로 설계해야 당사자의 특징을 고려한 포괄적 디자인이 될 수 있는지 적극적으로 이야기해야 한다. 그래픽, 인터페이스, 픽토그램 등 다양한 분야에서 이러한 시도가 이뤄진다면, 더 많은 사람에게 새로운 시각과 가능성을 제시할 수 있을 것이다.

5   연결하는 디자인과
　　데프스페이스

사회적 연결과 초대를 위한 공간

창문 밖으로 놀이터가 보인다. 화창한 날씨, 햇살이 따뜻하게 퍼지는 오후. 아이들이 웃으며 뛰어노는 소리가 바람에 실려 들려온다. 활짝 웃는 아이들의 얼굴이 보일 때마다 가슴 한편이 무거워진다. 저 아이들 속에 내 아이도 있어야 하는데, 그저 이 창 너머에서만 바라본다. 우리 아이도 나가서 놀고 싶어 한다. 그 맑은 눈빛을 보면 알 수 있다. 그런데도 나는 자꾸만 시간을 미루고, 사람들이 덜 모일 때를 기다린다. 아이들이 한창 모여 있을 때 나가기가 두렵다.

장애아동의 현실과 놀이권에 대해 한 번도 깊이 생각해 본 적이 없었다. 그러던 2021년 어느 날 우연히 장애아동을 둔 부모의 이야기를 접했을 때, 큰 충격을 받았다. 나도 아이가 있는 부모다. 만약 나라면 위와 같은 상황에서 기분이 어땠을까? 장애 유무와 관계없이 누구나 함께할 수 있는 놀이 공간 디자인은 반드시 다뤄야 할 주제였다. 그렇게 MSV 소셜임팩트 시리즈 03 《놀이》를 기획했다. 이 과정에서 150여 명의 장애아동 부모를 대상으로 설문조사를 했다. 스무 차례 이상의 일대일 인터뷰와 그룹 인터뷰, 놀이터 관찰 조사를 통해 당사자들을 최대한 많이 만나려고 노력했다. 그러면서 새로운 사실을 알게 됐다.

     왜 놀이터에서 장애아동들을 쉽게 볼 수 없을까? 장애아동이 바깥 활동을 하는 데 어떤 제약이 있을까? 앞서 진행한 설문조사 결과에 따르면 장애아동이 놀이터에 나가기 어려운 이유는 일단 치료에 시간을 할애하느라 놀이 시간이 부족하기 때문이다. 또 휠체어를 이용하는 어린이는 이동 자체가 어려워 외부 활동에 제약이 뒤따른다. 그런데 장애아동과 가족이 놀이터에 가기를 주저하게 하는 가장 큰 이유는 따로 있었다. 이들을 가로막는 것은 주변의 시선이었다.

"처음으로 아이를 그네에 태워 봤는데 아이가 입꼬리를 삐죽했어요. 그네가 좋았나 봐요. 그런데 주변 사람들이 지나가면서 엄청 유심히 쳐다보고 불쌍해하는 눈빛에 제가 참 지치더라고요."

                              –MSV 소셜임팩트 시리즈 03 《놀이》 중

하퍼스플레이그라운드가 재설계하기 전의 놀이터

장애아동의 부모들이 가장 힘들어하는 점은 다른 사람들이 불쌍하게 여기는 시선이나 피하려는 태도였다. 물리적 장벽보다 심리적 장벽이 놀이터 이용에 더 큰 방해 요소인 것이다.

미국 포틀랜드에는 포용적인 놀이터를 제작하는 비영리 재단인 하퍼스플레이그라운드Harper's Playground가 있다. 이곳의 대표 코디 골드버그G Cody QJ Goldberg는 놀이 공간이 물리적인 초대physically inviting뿐만 아니라 사회적 초대socially inviting, 정서적 초대emotionally inviting와 함께 구성돼야 한다고 강조한다.

여기서 말하는 사회적 초대란 '사람 사이의 교류'를

재설계한 놀이터 디자인은 이용자들이 서로를 더 잘 확인할 수 있는 구조다. 공원 전체에 다양하게 배치한 놀이기구는 휠체어를 이용하는 어린이들도 충분히 접근할 수 있도록 공간의 여백을 강조해 설계했다.

의미한다. 서로 연결돼 있다는 느낌을 주고받을 수 있는 공간을 조성하는 것이다. 그런 의미에서 놀이터는 단순히 고정된 놀이기구들이 진열된 곳이 아니라 사회적 연결감을 형성하는 공간이어야 한다. 또한 장애 유무와 상관없이 편안함을 느낄 수 있는 정서적 초대를 바탕으로 할 때 누구나 스스럼없이 방문할 수 있다.

요즘 키즈 카페에는 현란한 놀이기구가 즐비하다. 어린이들은 놀이기구를 즐기려고 이곳에 간다. 골드버그와의 대화에서 인상 깊었던 말이 있다. 놀이 공간은 '사용자와 사물의 교류'가 아니라 '사람과 사람 사이의 교류'를 지향해야 한다는 것이다.

하퍼스플레이그라운드는 공간을 빽빽하게 채우지 않는다. 어린이들끼리 눈을 마주칠 수 있는 여백을 마련하고, 그 틈에서 관계가 시작된다고 믿는다. 어쩌면 좋은 디자인은 그런 빈틈에서 탄생하는지도 모른다.

교류라는 가치를 공간에 어떻게 적용할 수 있을까? 나는 그 힌트를 데프스페이스DeafSpace 디자인에서 찾았다. 농인을 뜻하는 Deaf라는 단어 그대로 데프스페이스는 농인, 즉 수어를 제1언어로 사용하는 사람들을 고려한 공간이다. 놀이터가 사람과 사람 사이의 교류를 지향하듯, 데프스페이스 디자인은 서로의 얼굴이 잘 보이고 비언어적 소통이 원활할 수 있는 공간을 만든다. 여러 명이 모이는 공간에서 수어로 소통하려면 서로 얼굴을 정확히 마주 봐야 한다.

예를 들어, 대화를 나누는 테이블이라면 원형 테이블을 선호한다. 원형 테이블에서는 옆 사람을 향해 몸을 완전히 돌리지 않고도 수어로 자연스럽게 소통할 수 있다. 데프스페이스의 '공간과 근접성proximity 원리'는 이런 개념을 반영하고 있다. 특정 위치에서 신체를 사용해 비언어적으로 소통하는 두 대상의 관계를 고려한다. 강의실 좌석을 둥글게 배치하거나 극장처럼 계단식으로 배열해 수어 동작이 명확히 보일 수 있도록 설계한다.

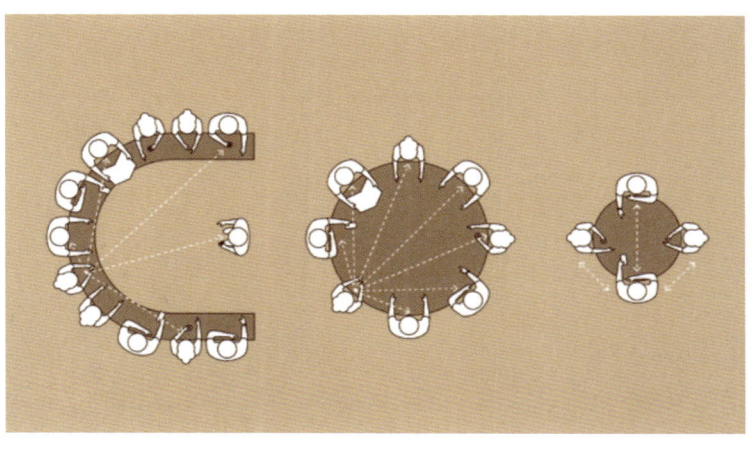

데프스페이스의 공간과 근접성 원리. 마주 보고 앉을 수 있게
공간을 배치하면 수어 동작을 명확하게 볼 수 있다.

하퍼스플레이그라운드의 놀이터에도 이 원리를
적용했다. 경사로를 따라 올라가면 언덕 위에 둥글게
배치한 벤치가 있다. 이 벤치 덕분에 아이들과 부모들은
서로의 얼굴을 마주하며 자연스럽게 교류할 수 있다.
2023년 온라인 인터뷰로 만났던 영국의 농인 건축가
리처드 도허티Richard Dougherty는 이처럼 사람들이
교류하는 공간을 만드는 것이 "데프스페이스의
정신"이라고 말한다.

요즘 대중교통이나 길거리에서는 핸드폰을 보려고
고개를 30도쯤 숙인 사람들을 흔히 볼 수 있다.
누군가와의 교류를 위한 자세는 아니다. 이와 달리
데프스페이스 디자인을 반영한 공간에서는 시선과 몸이

테이블과 결합해 넓게 디자인한 벤치. 사람들이 잠깐 물건을 올려놓고 수어로 대화할 수 있도록 고안했다. 비장애인에게도 유용하다.

자연스럽게 서로를 향한다. 눈 맞춤, 표정, 수어 동작 등 비언어적 소통이 원활하게 일어난다.

미국 갤러뎃대학교는 농인과 난청인을 대상으로 설립한 곳이다. 이곳에서 진행한 6번가 보행로 프로젝트를 한 예로 들 수 있다. 이 프로젝트에서는 보행 공간에 소통을 위한 디테일을 더했는데, 텀블러나 핸드폰을 잠깐 내려놓고 수어로 이야기를 나눌 수 있도록 스툴과 받침대를 마련했다. 리처드 도허티가 독일 브라운슈바이크Braunschweig 지역의 장애인 축제를 위해 디자인한 벤치도 흥미롭다. 테이블과 벤치를 결합해 가방이나 음료를 내려놓고 자유롭게 수어를 쓸 수 있다.

두 사례 모두 손에 들고 있는 물건을 내려놓을 수 있게 디자인한 덕분에 농인뿐만 아니라 청인도 짐을 테이블에 둔 채 대화에 집중할 수 있다.

　또한 데프스페이스는 감각의 도달 범위가 넓은 공간, 다양한 감각으로 탐색할 수 있는 공간을 지향한다. 시각적으로 말하자면 최대한 넓은 영역이 시야에 들어올 수 있게 한다. 시선의 도달 범위가 넓으면 주변 상황을 더 잘 파악할 수 있다. 불확실성이 줄어들어 심리적으로 안정된다.

　여기서 한 가지 의문이 생길 수 있다. 얼굴을 잘 볼 수 있게 놀이터를 디자인한다고 해서 장애아동과 비장애아동 사이에 교류가 이뤄질까? 그럴 수도 있지만 아닐 수도 있다. 장애 유무를 떠나 모든 어린이가 어우러져서 놀 수 있도록 기획한 놀이터에서 며칠간 장애, 비장애아동들의 모습을 관찰한 적이 있다. 일부 어린이들은 함께 어울리기도 했지만, 혼자 노는 어린이도 있었다. 모든 어린이 사이에 상호작용이 활발하지 않더라도, 서로의 존재를 인식하는 것만으로도 열린 마음이 싹틀 수 있다. 장애아동과 비장애아동이 같은 공간에 있을 때 서로를 더 잘 볼 수 있다면, 놀이터는 누구나 이용하는 공간이라는 인식이 자연스럽게 형성된다.

　장애가 있는 형제를 둔 비장애아동은 장애가 있는

사진 오른쪽에 보이는 가설 건축물의 내부 공간 역시 서로의 얼굴을 마주 볼 수 있도록 둥근 형태다.

아이들에게 더 쉽게 다가가 말을 건넨다. 비장애아동과 장애아동을 함께 양육하는 부모들의 공통적인 경험담이었다. 뇌병변장애가 있는 동생과 함께 지내는 일상에 익숙한 아동은 거리나 모임에서 다른 장애아동을 만날 때 자연스럽게 말을 건네고 어울린다는 것이다. 자주 만날수록 서로를 이해하게 된다. 이런 점에서 데프스페이스의 공간 가이드 원칙은 농인이나 난청인만을 고려한 공간 설계에 그치지 않는다. 놀이 공간에서 대면 소통과 교류라는 가치를 구현하는 데 중요한 참고 자료다.

6   사회적 접근성을 높이는
   환대의 방법

심리적 장벽과 물리적 장벽

당신이 누군가의 도움을 받아 버스에 타야 한다고 가정해 보자. 한 버스는 상태가 좋지 않다. 좀 덜컹거리기도 하고, 승강장에서 출입문까지의 높이도 높아서 부축을 받거나 도구에 의지해야 한다. 그런데 버스 기사와 승객 모두 재촉하지 않고 내가 탑승할 때까지 기다린다. 승차하면 누군가 자리도 양보해 준다.

다른 버스는 최적의 시설을 갖췄다. 내부 공간이 넓고, 휠체어 이용자를 위한 별도 좌석도 있다. 승차하기 위해 올라야 하는 높이도 낮아서 편안하게 탈 수 있다. 그런데 내가 조금이라도 지체하면 어디선가 짜증 섞인 말이 들려온다. "아, 빨리 좀 타지" 냉담한 시선이 느껴진다. 당신은 이 중 어떤 버스를 타겠는가? 아마 조금 불편하더라도 마음을 편안하게 해 주는 버스를 탈 것이다.

나도 그렇다. 물리적인 요소만 최적의 경험에 영향을
끼치는 것은 아니다. 아무리 좋은 설비를 갖췄더라도 내가
그 공간에서 환영받지 못한다면 이용하고 싶지 않다.
시설보다 더 중요한 것은 시선이다. 보이지 않는 심리적
장벽은 이용자의 마음속에 실질적으로 작동한다.

    잠깐 접근성에 관해 이야기해 보자. 제품, 서비스,
환경 또는 시설을 이용할 수 있는 정도를 두고 '접근성이
좋다' 혹은 '접근성이 높다'라고 표현한다. 맥락에 따라
다르지만 대개 장애인, 노인, 정보 소외 계층 등 많은
사람이 차별 없이 이용할 수 있음을 의미한다. 지금까지의
접근성은 주로 물리적인 부분에 집중해 왔다. '접근성을
개선한다'고 할 때는 사용자가 어떤 공간을 편안하게
방문할 수 있도록 문턱이나 화장실, 출입구 등 보이는
부분을 먼저 생각했다.

    그런데 현대사회에서 접근성은 그 범위가 더욱
확장됐다. 보이지 않는 영역 역시 접근성의 관점으로
이야기할 수 있다. 누구나 환영받는 문화와 환경을 만들어
가는 BBC의 〈접근성 우선 헌장〉처럼 말이다.

다양한 사람이 접근할 수 있고, 누구도 배제하지 않는 BBC가
되어야 합니다. 그러나 현실은 그렇지 않습니다. 특히
장애인은 상당한 장벽에 직면해 왔습니다. 우리는 더 나은
방법을 찾을 것입니다. 장애 인재를 더 많이 채용하고, 장애인

구성원을 유지하는 조직이 되도록 노력할 것입니다. 이를 위해 각종 절차를 점검하고, 장벽을 제거하며, 모두가 접근 가능하고 환영받는 문화와 환경을 조성해 나가겠습니다.

—BBC 〈접근성 우선 헌장〉 중

당사자의 눈높이에 맞추다

그렇다면 '사회적 접근성'은 무엇을 의미하는가? 나는 스웨덴 말뫼시립도서관Malmö City Library의 가이드라인 〈장벽 없는 도서관A Library Without Obstacles〉에서 사회적 접근성이라는 단어를 처음 접했다. 가이드라인을 작성한 카린 라르손Karin Larrson은 인터뷰에서 '당사자의 눈높이에 맞춰on their level 만나는 것'이 사회적 접근성이라고 피력했다. 이게 어떤 의미일까?

  어린이가 바닥에 앉아 있다면 함께 바닥에 앉아 그의 시선으로 세상을 바라본다. 어르신이 천천히 걷는다면 그 속도에 발걸음을 맞춰 대화를 나누며 길을 안내한다. 시각장애인이 정보를 쉽게 이해할 수 있도록 음성 안내나 점자를 제공하는 것처럼, 상대방이 편안하게 소통할 수 있는 방식으로 접근하는 일이 될 수도 있다. 사회적 접근성은 이러한 일련의 활동을 통해 심리적 장벽을 낮추는 것을 목표로 한다.

  여기에는 두 가지 중요한 전제가 있다. 첫째, 모든

사람은 다르다. 둘째, 각자의 관점을 존중하며 대해야 한다. 여기서 말하는 존중은 예의를 지키는 차원이 아니라, 그 사람의 보이지 않는 경험을 이해하고자 하는 데서 시작된다. 예를 들어, 어떤 방문객은 개인적인 사정으로 누군가와 인사하거나 눈을 마주치는 일을 피하고 싶어 할 수 있다. 언어장애나 인지장애가 있는 사람이라면 대화보다는 종이에 글을 적거나 그림을 그려 소통하는 방식이 더 편할 수 있다. 사회적 접근성을 고려하는 공간 운영은 이렇게 개인의 상황에 따라 더 편안하게 느낄 수 있는 방법을 찾아 조율한다.

"매번 좋은 대화 나누기Having a good conversation every time"는 사회적 접근성을 높이기 위한 말뫼시립도서관의 실천 방안이다. 이 항목에서는 사서를 비롯한 도서관 직원들에게 방문자의 입장이 되어 생각해 보고 그들을 존중하는 태도로 응대할 것을 당부한다. 차분하고 너그러운 태도로 다가가기, 눈을 맞추며 대화하기, 방문자가 찾는 장소를 단순히 가리키는 것이 아니라 동행하기와 같은 커뮤니케이션 에티켓을 담고 있다.

나는 그중에서도 '할 수 없는 것보다 할 수 있는 것을 강조하라'라는 원칙에 깊이 공감했다. 이는 이용자의 한계나 제약을 지적하기보다 그가 현재 상황에서 할 수 있는 방법을 중심으로 안내하라는 뜻이다. 예를 들어, 특정 자료를 열람할 수 없다고 말하기보다 "이 자료는

스웨덴 말뫼시립도서관은 많은 이용자가 맞닥뜨리는 심리적 장벽을 중요하게 여기고 있다.

오디오 버전으로도 들을 수 있습니다"처럼 대안을 제시하는 것이다. 이렇게 가능성을 먼저 보여 주면, 이용자는 제한을 느끼기보다 존중과 환대를 경험하게 된다. 사회적 접근성은 환대의 태도에서 출발한다. 말한마디, 제스처, 표정, 목소리와 같은 요소가 복합적으로 작용해 심리에 영향을 미친다는 점을 전제한다.

    사회적 접근성에 물론 사람의 역할이 중요하지만, 사람 이외의 존재도 환대의 메시지를 전달할 수 있다. 여기서 최초의 터치 포인트First Touch-point, 즉 사용자와 제품, 서비스, 공간이 처음 만나는 순간의 중요성을 강조하고자 한다. 첫 번째 접점에서 긍정적인 경험을 한다면 사용자는 환영받고 있음을 인식하고 안정감을 느낄 수 있다. 이 첫 접점은 휠체어 이용자가 드나들기 편리한 공간의 출입구나 화장실과 이동 경로를 명확히 안내하는 사인일 수도 있다. "이곳은 누구나 환영하는 공간입니다. 도움이 필요하시면 언제든지 아래 연락처로 연락하세요. 지금 있는 곳으로 직원이 찾아가겠습니다"와 같이 인적 서비스를 안내하는 문구일 수도 있다.

    제품이라면 포장을 뜯고 첫 사용을 준비하는 순간부터 터치 포인트를 마련할 수 있다. 예를 들어, 시각장애인 사용자라면 핸드폰이나 노트북을 처음 세팅하는 과정에서 장벽을 맞닥뜨릴 수 있다. 제품의 전원 버튼을 처음 누르는 순간부터 초기 설정 과정을 음성으로 안내한다면, 사용자는 이 제품이 '실질적으로 쓸 만한' 제품이라고 생각할 것이다.

첫 접점의 긍정적인 경험은 물리적 공간이나 제품에만 국한되지 않는다. 내가 만났던 몇몇 농인들은 온라인으로 드라마나 영화를 볼 때 최신 작품의 자막 업데이트가 일정하지 않거나 일주일 넘게 지연되면 서비스 자체를 이용하지 않게 된다고 털어놓았다. 물론 콘텐츠와 자막을 동시에 업데이트하는 게 가장 이상적이지만, 그렇지 않다면 최소한 "언제까지 자막이 제공될 예정"이라는 안내만 있더라도 상황은 달라질 것이다. 농인에게는 영상 시청의 첫 접점이 자막이기 때문이다.

거창한 제스처가 아니어도 환대를 표현할 수 있다. 사용자를 처음 마주하는 순간, "당신이 오기를 기다리고 있었어요"라는 메시지를 전하는 것으로 충분하다.

3장

참여 Participation

결과 중심에서 과정 중심으로

Intro 참여와 부정확한 가정

아프리카의 어린이들이 환하게 웃으며 메리 고 라운드merry-go-round를 돌린다. 맨발로 신나게 달리며 기구를 돌리는 어린이들의 표정에 행복감이 묻어난다. 이렇게 노는 가운데 지하수가 솟아오른다. 어린이들은 즐겁게 놀고, 지역 주민들은 놀이기구의 펌프 작용으로 깨끗한 물을 얻을 수 있다. 이상적이다. 물 부족 문제를 이렇게 해결할 수 있다면 얼마나 좋을까?

엔지니어 로니 스튜버Ronnie Stuiver는 아프리카 여러 나라를 다니며 우물을 파는 일을 했다. 그는 공사 현장을 둘러싸고 하염없이 구경하는 어린이들에게 연민을 느꼈다. 대부분의 어린이는 물을 긷기 위해 물통을 들고 수 km 떨어진 곳까지 걸어야 했다. 그는 이들을 위해 먼 거리까지 이동할 필요 없이 즐겁게 물을 길 수 있는 아이디어를 고안했다. 당시 어린이들에게 인기 있는 놀이기구인 메리 고 라운드를 돌리면서 생기는 동력으로 펌프를 작동시켜 물을 퍼내는 방식이었다.

1989년 스튜버는 이 제품을 남아프리카공화국의 행정 수도 프리토리아에서 열린 농업 박람회에 전시했다. 아이디어는 좋았지만 스튜버에게는 현실화를 위한 재정이 없었다. 그때 광고회사 임원으로 은퇴한 트레버 필드Trevor Field가 우연히 박람회에서 제품을 발견했다.
그 역시 남아프리카공화국 출신으로 깨끗한 물 공급의 필요성에 깊이 공감했다.

놀이로 아프리카의 물 문제를 해결하자는 제안이 얼마나 매력적으로 보였겠는가? 당시 투자자들과 후원자들은 이 이미지에 상당히 매료됐다.

필드는 회전 놀이기구를 이용해 물을 퍼올리는 방식에 매료됐고, 이 발명품의 상업적 가능성을 직감했다. 그는 스튜버에게서 특허 출원권을 구입하고, 플레이펌프PlayPump라는 이름으로 특허등록을 한 뒤 라운드어바웃 아웃도어Roundabout Outdoor를 설립했다.

그리고 광고업계에서의 경험을 바탕으로 물 저장 탱크를 광고판으로 활용해 수익을 창출하는 아이디어를 고안했다. 어린이들의 놀이 활동으로 자연스럽게 물을 공급하고 광고 수익으로 유지 보수 비용을 해결하는 그야말로 혁신적인 접근법이 이렇게 탄생했다.

어린이들은 이제 먼 거리까지 물을 뜨러 가는 일에서 해방된 것처럼 보였다. 이 해법이 얼마나 매력적이었겠는가? 투자자들은 현장 이미지에 높은 관심을 보였다. 아프리카 전역에 이 '아름다운 제품'을 설치하고자 하는 열기가 식을 줄 몰랐다. 효과 또한 긍정적이었다. 규모가 큰 초등학교에서는 어린이들이 수시로 기구를 사용했는데, 감독하는 사람도 있었기 때문이다.

본격적으로 사하라 이남 아프리카 지역에서 사업이 진행됐고, 1999년 넬슨 만델라 대통령이 플레이펌프가 설치된 학교의 개교식에 참석하면서 세간의 주목을 받았다. 이후 미국의 비영리 재단인 케이스 재단Case Foundation이 이 사업에 관심을 기울이게 됐다. 2006년에는 미국의 전 대통령 빌 클린턴과 당시 영부인 로라 부시의 지지 속에 무려 1,640만 달러(한화 약 220억 원)를 지원받았고, 2008년까지 약 1,000대의 플레이펌프가 설치됐다.

하지만 현지 상황에 대한 충분한 조사나

규모가 크고 이미 수로를 갖춘 학교에서는 플레이펌프에 기대했던 효과를 확인할 수 있었다. 그러나 농촌 지역에서는 광고판이 소용이 없을뿐더러, 이 기구를 사용하는 사람들도 없었다. 플레이펌프의 주요 문제와 관련해 박사 논문을 작성한 랄프 보를런드Ralph Borland는 '선진국의 관객이 바라는 모습과 현실 사이의 괴리'[1]라고 지적했다.

현지인들의 의견 없이 일부 유명 인사의 입김으로 수천만 달러가 투입된 플레이펌프 프로젝트는 2010년을 기점으로 막을 내렸다. 이 프로젝트는 왜 실패했을까? 플레이펌프가 설치된 모잠비크 외딴 지역에 취재를 간 기자가 이 기구를 설치해 달라는 주민들의 요청이 있었는지 묻자 한 주민은 이렇게 답했다.

"저희는 아무런 정보도 없었습니다. 그들이 돌과 시멘트를

가지고 와서 우물을 파고 물탱크를 고쳤어요. 마을 지도자가
여기서 물을 끌어와야 한다고 했어요."[2]

  대규모 기부금이 유치되기 전인 2007년 유엔 산하
아동구호기관 유니세프unicef에서는 플레이펌프의 지속
가능성에 대해 문제점을 지적한 보고서[3]를 발행했다.
이 보고서에 따르면 플레이펌프는 일부 학교를 제외한
아프리카의 농촌 지역에 적합하지 않은 모델이었다.
결정적으로 물탱크를 채우는 데 많은 시간이 걸렸고,
어린이들은 펌프를 밀면서 피로감을 호소했다. 영국
《가디언》지에서는 플레이펌프 한 대당 2,500명에게 매일
필요한 물을 공급한다는 목표를 달성하려면 어린이들이
매일 27시간 놀아야 한다고 꼬집었다.

  설치 3년 후 지원 단체가 방문했을 때 플레이펌프에서
놀고 있는 아이들은 없었다. 게다가 성인 여성들은
전통적인 손 펌프 방식을 선호했다. 기존 펌프를 대체할
때 지역 사회와 충분한 협의도 없었기에 보수와 관리를
맡을 책임자도 없었다. 무엇보다 기기가 고장 나면
수리비가 더 비싸서 수리는 거의 불가능했다.

  플레이펌프 사례는 현지의 사정을 제대로 살펴보지
않고 이미지만으로 추측한 가정에 따른 실패다. 만나
보지도 않은 사람들의 사용 맥락을 쉽게 예단하고
머릿속으로 디자인하면 반짝 주목을 끌지는 몰라도

지속성이 없는 결과물이 탄생한다. 현지 상황에 대한 깊은
이해 없이 겉보기에 이상적으로 생각하는 제품을
제작하는 것이다.

      중요한 것은 참여다. 만약 충분한 시간을 가지고
몇 군데 지역에서 사전 테스트를 하며 어린이들을 포함한
주민들의 의견에 귀 기울였다면 어땠을까? 그리고 고장
발생 시 주민들이 어떻게 대응할 수 있을지 워크숍을 열고
함께 대응 방안을 고민했다면 결과는 달라졌을지도
모른다. 실제 사용자End User가 개발에 참여하는 참여형
디자인Participatory Design은 이러한 부정확한 가정을
최소화하고, 사용자에게 실질적으로 필요한 디자인을
만들어 낸다. 참여는 개발의 실패와 성공을 가늠하는
중요한 잣대다.

1 현실의 괴리를 줄이는
　　참여형 디자인

개발도상국의 현실과 괴리

2017년 나는 영국에서 사회적 기업가 정신을 공부하고 있었다. 수업 시간에 탐스 슈즈TOMS shoes의 사업 모델이 토론 거리가 됐다. '1+1 모델', 즉 신발 한 켤레를 팔면 한 켤레를 기부하는 탐스의 비즈니스 모델은 사회적 기업 운영에서 상당히 주목받았다. 당시 학생 중 카메룬에서 온 청년이 있었다. 그는 기부된 탐스가 자기 동네에 도착하면 일부 주민이 신발을 빼돌려서 비싸게 파는 식으로 악용했다고 비판했다. 그리고 기부된 신발은 팔리고 남은 것 같은 사이즈가 대부분이었다고 했다.

　　샌프란시스코대학교의 경제학자 두 명과 현장 연구원 한 명이 엘살바도르에서 탐스 신발 기부 프로그램이 실행 중인 지역을 대상으로 진행한 연구가 있다. 연구 결과 기부된 신발을 받은 어린이는 "다른 사람들이 우리 가족의 필요를 돌봐야 한다"라는 진술에 동의할 가능성이 "우리 가족이 스스로 필요를 돌봐야 한다"라는 진술에 동의할 가능성보다 훨씬 더 높은 것으로 조사됐다.[4] 탐스의 의도는 그렇지 않았겠지만, 이 사업 모델은 신발을 받은 어린이들에게 외부 지원에 대한 의존도를 높이는 결과를 초래했다. 기부는 의미가 있었지만 장기적으로 지역에 미치는 영향을 고려할 때는 부정적인 면이 컸다.

  변화는 단기 이벤트로 일어나지 않는다. 내가 알고 지내는 한 선교사는 해외 빈민가에서 활동하는데 한국에서 신발을 잔뜩 기부하면 동네 아이들은 그것을 집에 관상용으로 모셔만 놓을 뿐, 실제로 신지 않는 경우가 많으니 보내지 말라는 이야기를 전한 적이 있다.

  기부 자체를 부정하는 게 아니다. 만약 탐스가 그 지역의 빈곤 구조에 주목하거나 신발 산업이 자생적으로 성장할 수 있도록 장기적인 관점에서 접근했다면 어땠을까? 지역의 수공업자 같은 소상공인을 지원하거나 교육 프로그램과 연계해 어린이들이 스스로 미래를 만들어 갈 수 있는 환경을 조성했다면, 주민들은 외부 지원에 의존하는 대신 스스로 삶의 문제를 해결해 나간다는 자신감을 키웠을 것이다. 어떤 지역을 대상으로 한 프로젝트를 설계할 때는 막연히 상상한 결핍을 기준으로 판단하기보다는 실제로 무엇이 필요한지를 먼저

1+1 모델로 선풍적인 인기를 끌었던 탐스 슈즈가 지역 사회에 긍정적인 영향만 끼친 것은 아니다.

지역에서부터 찾아야 한다. 공동체 당사자들을 과정으로 끌어들이는 '참여'가 그 출발점이다.

참여형 디자인

여기서 참여란 좀 더 적극적으로 의사결정에 함께하는 과정을 말한다. 오랜 기간 개발도상국에 적합한 디자인을 연구해 온 MIT D-Lab은 빈곤을 해결하는 참여형 디자인으로 세 가지를 제시한다.

첫째, 현지인을 위한For 사용자 중심 디자인User Centered Design이다. 사용자에게 실질적으로 필요하고 효과적인 솔루션을 만드는 일이다. 그러려면 반드시 깊이 있는 관찰 조사와 인터뷰가 선행돼야 한다. 자원봉사로

캄보디아에 머물던 중 어린이 구강 검진을 위해 방문한 치과의사를 만난 적이 있다. 그는 충치가 있는 아이들을 보고도 검진표만 나눠 주고 돌아서야 했던 스스로에게 자괴감을 느꼈다고 했다. 이후 그는 치료보다 예방 교육에 더 많은 시간을 쏟기로 결심했다. 칫솔질 방법을 알려 주고, 구강 위생의 중요성을 설명하고, 어린이들이 스스로 치아 건강을 위한 생활 습관을 실천하도록 하는 일에 집중하고자 했다. 똑같은 문제를 반복하지 않으려면 당사자가 해결 방법을 알아야 하기 때문이다.

둘째, 당사자와 함께하는With 디자인이다. 여기에는 공동 설계co-design가 포함된다. 디자인 과정에 현지인이 적극적으로 참여해 부정확한 가정에서 비롯한 문제가 발생하지 않도록 하는 것이다. 다시 플레이펌프로 돌아가 보자. 도시 외곽이나 농촌 지역까지 이 사업을 확대할 경우에는 주민들과 충분한 논의를 거쳐야 했다. 현지에서 물을 긷는 여성들에게 직접 플레이펌프를 사용해 보도록 하고 사용자의 피드백을 반영하는 베타테스트 과정을 거쳤다면 어땠을까? '진짜' 사용자를 디자인의 중심에 놓았다면 비용이 좀 더 들더라도 펌프 구조를 개선했을지 모른다. 그러나 당시 언론은 플레이펌프 모델에 도취해 있었다.

셋째, 당사자에 의한By 디자인이다. 사용자가 주도User Generated Design해 해법을 도출하는 과정을 거친다.

빈곤 문제 해결이 목표라면 일시적인 금전 지원으로 끝내는 것이 아니라 교육과 훈련을 제공한다. 당사자는 자신의 필요에 맞는 해법을 직접 설계하고 실행함으로써 점차 문제 해결 능력을 키워 간다. 결과적으로 디자인이 사용자의 자립까지 도모할 수 있다.

     항상 참여형 디자인을 적용해야 하는 것은 아니다. 개발자나 디자이너가 적극적으로 주도해서 해법을 제시해야 할 때도 있다. MIT D-LAB에서도 '적절한 경우'에 참여형 디자인 방식의 투입을 권장한다. 나는 디자이너나 개발자가 사용자를 완벽히 이해하고 있지 않다면, 거의 모든 상황이 참여형 디자인을 적용할 수 있는 경우라고 생각한다.

     그동안 개발도상국의 빈곤 문제를 다루는 디자인은 주로 자본력과 기술력을 가진 외부 전문가들이 주도해 왔다. 그렇다 보니 사용자, 즉 현지인들은 종종 배제되고 기대에 미치지 못하는 결과물로 이어지기도 했다. 의도와 무관하게 실패한 프로젝트가 적지 않았던 이유다. 내가 경험한 인하우스 디자인 환경도 크게 다르지 않았다. 제품 출시 전 초기 단계에서 일부 사용자에게 간단히 의견을 묻거나 제품 개발 이후 고객 테스트 수준에 그치는 정도였다. 비용과 시간 문제라기보다는 조직 차원에서 '진짜' 고객의 목소리를 듣고자 하는 의지가 없었기 때문이다.

     설계자와 사용자 사이에는 경험의 격차가 존재한다. 만약 설계자가 세상에서 단 한 사람, 자기 자신만을 위해 무언가를 만든다면 경험의 격차는 0이다. 하지만 디자인은 설계자가 알지 못하는 다수의 사용자를 타깃으로 한다. 저마다 살아온 방식이 다르기에 경험의 차이가 존재한다. 인종, 성별, 장애 유무, 생애 주기에 따라 차이는 더 커질 수 있다. 사용자와 설계자의 경험 차이가 클수록 개발 실패로 이어질 가능성이 높다. 이 격차를 줄여야만 한다.

2 사용자 중심 디자인을 만드는 관찰과 참여

시각장애인의 공간 인지

여러분은 시각장애인을 만나 대화를 나눠 본 적이 있는가? 혹은 함께 길을 걸어 본 적은? 나는 2011년 시각장애인 마라톤 가이드 러너로 봉사 활동을 시작하면서 처음으로 시각장애인과 함께하게 됐다. 그전까지는 앞이 보이지 않는 사람이 마라톤에 참가한다는 건 상상조차 해 본 적이 없었다. 시각장애인이 어떻게 방향을 인식하고 주변을 파악하는지 그제야 알게 됐다.

시각장애인 참가자들은 가이드 밴드를 팔에 묶은 비장애인 가이드 러너와 일대일 파트너가 돼 함께 달렸다. 어느 정도 윤곽을 구분할 수 있는 참가자 중에는 혼자 뛰는 사람도 있었다. 평소에는 흰 지팡이를 사용하기도 하지만, 저시력 시각장애인과 전맹 시각장애인이 지팡이 없이 함께 다니는 경우도 있었다. 가이드 러너가 '1시

방향', '11시 방향'처럼 소리로 위치를 알려 주면, 그 안내를 따라 방향을 전환했다. 목소리로 사람을 기억한다는 점도 처음 알게 된 사실 중 하나였다.

안전을 주제로 프로젝트를 진행하며 전맹 시각장애인인 청년을 인터뷰한 적 있다. 다세대 주택 5층에 혼자 살던 그는 이렇게 말했다. "여기서 불이 나면 제가 가장 늦게 빠져나가거나, 아예 대피하지 못할지도 몰라요."

화재 시 연기를 감지하면 건물 밖으로 빠르게 대피하거나 구조대를 기다리는 동안 신속히 안전 조치를 취해야 한다. 시각장애인은 비장애인에 비해 이동 속도가 더딜 수 있기에 그는 답답한 마음에서 이런 말을 한 것이었다. 오래된 그 주택은 복도식 구조였고 계단이 있었지만 좁았다. 음성으로 안내하는 장치도 없었다. 자력으로 대피하기는 거의 불가능해 보였다. 이동은 곧 안전과 직결된다. 어떻게 하면 시각장애인도 자유롭게 이동할 수 있을까? 나는 시각장애인의 공간 인지와 이동에 관련한 사례를 찾다가 인도의 한 초등학교 건축 사례를 알게 됐다.

인도 간디나가르Gandhinagar 지역의 시각장애인 학교School for the Blind and Visually Impaired는 건축가 아난드 소네차Anand Sonecha가 2014년 마나브 사드하나Manav

Sadhana라는 시민 단체의 의뢰를 받아 설계했다. 2022년 우리 팀은 줌으로 소네차와 대화를 나눴다. 소네차는 프로젝트를 상세히 소개하며 건축을 의뢰받았을 때 약간 당황했다고 털어놓았다. 시각장애인에 대해 아는 것이 거의 없었기 때문이다. 그래서 미국의 퍼킨스시각장애인학교Perkins School for the Blind에서 5개월간 자원봉사자로 일하며 시각장애가 있는 어린이들의 일상과 학습 환경을 관찰했다. 그는 시각장애아동들이 어떻게 길을 찾고, 사물의 위치를 인지하며, 주변 공간과 상호작용을 하는지 살폈다. 그리고 감각에 대한 단서를 얻었다.

소네차의 이야기 중 무척 인상 깊었던 것은, 시각으로 공간을 인지하는 사람이라면 무심코 지나칠 요소들을 시각장애아동들은 섬세하게 기억한다는 점이었다. 퍼킨스시각장애인학교 학생들은 공간을 아주 자유롭게 능동적으로 누비고 다녔다. 소네차는 어린이들이 각 장소의 고유한 특성을 기억해 머릿속에 지도를 그리듯 공간을 구성하고 있다는 사실을 발견했다.

어린이들은 청각, 촉각, 후각 등 다양한 감각을 활용해 주변의 단서를 포착했는데, 그중에서도 특히 청각이 중요한 역할을 했다. 예를 들어, 한 학생은 바람에 흔들리는 나뭇잎 소리의 미묘한 차이로 자신의 위치를 파악했다. 또 다른 학생은 손뼉을 쳐서 울려 퍼지는

관찰을 통해 시각장애인 학교의 학생들이 벽을 짚으며 걸어간다는 사실을 발견했다.

반향음으로 장소를 구분했다. 이들을 통해 소네차는 공간을 바라볼 때 단지 시각에만 의존하지 않아도 된다는 새로운 관점에 주목했다. 그는 이러한 방식을 반영해 복도의 높이와 너비를 각각 3.6m로 설계해 소리가 울리도록 했다. 교실의 높이는 2.1m로 대화를 나눌 때 더 아늑한 느낌을 주도록 했다.

    학생들이 촉감을 섬세하게 구분하는 점도 눈길을 끌었다. 그래서 복도 벽면의 질감을 연결되는 공간에 따라 달리했다. 뜰과 연결되는 복도에서는 세로로 긴 선형 패턴이 느껴지도록 했고, 교실 쪽 복도는 매끈한 질감으로 구현했다. 복도 좌우의 질감도 달리해 촉감으로 방향을 구분할 수 있도록 만들었다. 학교 외벽은 모두 거친 모래

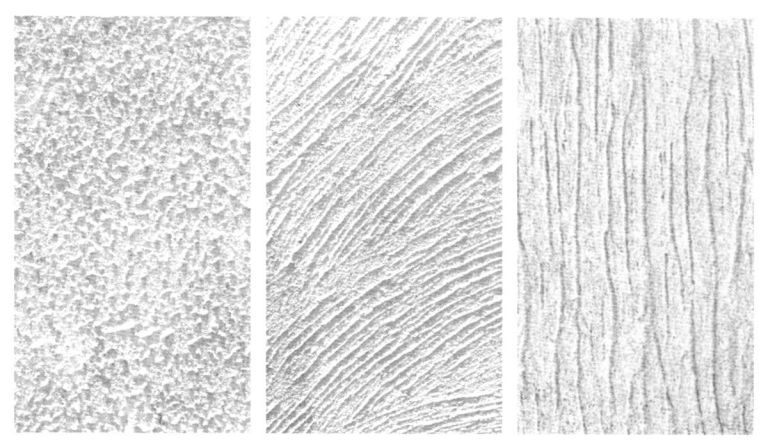

촉각으로 구분할 수 있도록 공간별로 벽의 패턴을 다양하게 표현했다.

질감으로 처리해 어린이들이 만졌을 때 실내와 외부를 구분할 수 있게 했다.

소네차는 처음에는 질감이 서로 다르기만 하면 충분하리라고 생각했다고 한다. 그러나 3D프린팅을 활용해 학생들과 함께 시험해 본 결과, 표면의 결 방향과 섬세함 역시 인식에 중요한 요소라는 사실을 깨달았다. 이에 따라 패턴 간의 간격을 넓히고 입자 크기를 조절해 가장 쉽게 구분할 수 있는 질감을 찾아냈다. 촉각 외의 감각도 공간을 인식하는 데 기여할 수 있도록 교실 창밖에는 향이 강한 37종의 식물을 1,000여 그루 심었다. 이렇게 후각을 통해서도 위치와 환경을 가늠할 수 있는 단서를 제공하고자 했다.

시각장애인 학교에서는 학생들의 촉각 테스트를 거쳐 패턴을 개발했다.

　주로 시각으로 공간을 이해하는 사람들은 이런 요소를 알아차리기 쉽지 않다. 시각장애인이 아닌 사람은 시각을 통해 방향, 거리 등의 정보를 습득하면서 자연스럽게 다른 감각을 덜 사용하게 된다. 이동할 때 벽을 만지며 걸어 다니는 경우는 거의 없지 않은가? 벽의 질감이나 결의 방향, 공간에 소리가 울리는 정도나 공기의 냄새와 같은 섬세한 요소들은 촉각, 청각, 후각 등 여러 감각을 활용해 공간을 경험하는 당사자에게서만 힌트를 얻을 수 있다.

참여와 소득 창출

소네차가 담당했던 프로젝트 중 인도의 한 마을 주민들이 주택 재건축에 일정 부분 참여해 소득을 창출했던 사례가 있다. 당시 주민들은 경제활동을 하기가 상당히 어려운 상황이어서 이런 방식이 도움이 됐다. 왜 일자리를 갖기 어려웠을까?

과거 나병이라고도 불린 한센병은 1980년대 초까지만 하더라도 치료할 수 없는 질환으로 여겨졌다. 한국의 소록도에도 차별과 편견이 가득했던 역사가 존재한다. 인도 바스트랄Vastral 지역에 위치한 러빙 커뮤니티Loving Community는 한센병 환자와 가족들이 모여 사는 곳이다. 주민들은 차별을 피해 고향을 떠나 이곳에 정착했으며 대부분 화장실과 부엌조차 없는 단칸방에서 생활했다. 해마다 장마철이면 침수가 반복됐고 주민들은 홍수가 날 때마다 마을 회관으로 피신하거나, 물에 잠긴 방바닥에 벽돌을 쌓고 그 위에서 생활할 만큼 환경이 열악했다. 이런 어려움을 해결하기 위해 2018년 인도의 NGO인 마나브 사드하나Manav Sadhana와 영국 드 모퐁트 대학교De Montfort Universirty가 협력해 주택 재건축 프로젝트를 시작했다.

과제는 크게 두 가지였다. 첫째는 홍수 피해다.

인도에는 몬순 계절풍의 영향으로 매년 6월 초부터 9월 말까지 연간 강수량의 70%가 넘는 비가 쏟아진다. 인도 서북부에 위치한 아마다바드Ahmedabad시가 확장되면서 변두리이던 바스트랄 지역도 편입됐는데, 제대로 된 배수 시스템을 마련하지 않은 채 무분별하게 개발하면서 침수가 시작됐다.

특히 운하가 있는 지역의 지대를 높이는 바람에 한센병 환자와 가족들이 거주하는 러빙 커뮤니티의 지대는 상대적으로 낮아졌다. 마을 주변 도로가 개발되면서 집의 위치가 도로보다 낮아지는 상황까지 발생했다. 해마다 장마철이 되면 범람하기 일쑤였다. 운하가 범람하면 산업 폐기물이 동네로 쏠려 왔고 공용 화장실 오수가 넘쳐흐르는 매우 비위생적인 상황이 반복됐다.

두 번째는 창문이 없어 빛이 들어오지 않고 환기도 되지 않는 매우 작은 집들이었다. 당시 주민들이 살고 있는 집은 1990년대에 지어졌는데, 약 10cm 두께의 벽과 지붕만 있는 한 칸짜리 방이 전부였다. 채광이 부족하고 환기가 안 돼 습기에 취약했고 쉽게 곰팡이가 생겨 주민들은 호흡기 질환에 시달렸다. 여름에는 집이 너무 더워서 길거리에서 잠을 자야 할 정도였다. 조악한 지붕에서는 자주 물이 샜다.

주민들이 직접 제작한 타일(왼쪽)과 타일을 제작하는 모습(오른쪽)

커뮤니티의 생활 수준 향상을 위한 맞춤형 프로젝트

재건축 프로젝트는 침수 피해뿐만 아니라 열악한 주거 환경을 개선하기 위해 고안됐다. 지원 예산은 한 채당 약 5,000파운드(한화 약 800만 원)였다. 소네차는 건축 책임자가 되어 주민들과 협력하며 저예산으로도 효율적인 건축을 추진해 나갔다. 지역에 대한 조사 결과 건물을 60~70cm만 올려서 지어도 집이 물에 잠기지 않았다. 한센병 환자라는 이유로 취업의 기회가 거의 없었던 주민들에게는 타일 제작을 의뢰하기로 했다. 자재

구입비를 절감하는 동시에 주민들에게 인건비를 지불할
수 있는 방안이었다.

공사가 진행되는 동안에는 주민들과 정기적인
토론으로 피드백을 주고받았다. 어떤 부분이 불편하고,
어떻게 바꿨으면 하는지 자유롭게 이야기를 나눈 덕분에
집을 한 채 지을 때마다 디자인을 보완해 나갈 수 있었다.
다만 채광과 환기 시설에 관해서는 절대로 타협하지
않았다. 작은 안마당을 두어 빛이 들고 공기가 순환되게
하거나, 마당 대신 지붕을 열어서 빛이 들어오게 설계한
집도 있었다. 2018년에 두 채를 건축한 이후로
2022년까지 총 열네 채의 집이 완공됐다.

대량으로 집을 지을 때는 아파트처럼 정형화된
공간 디자인을 반복한다. 하지만 바스트랄 지역의
프로젝트는 각 가정의 구체적인 필요와 요구를 고려해
저마다 다르게 건축했다. 그 이유에 대해 소네차는 "4인
가족과 8인 가족이 똑같이 생긴 집에서 살 수는 없기
때문"이라고 밝혔다. 러빙 커뮤니티 주민들은 가구마다
구성원의 나이와 생활 방식이 달랐다. 느리더라도 지역
사회의 필요와 조건에 부합하는 집을 만든 점은 주목할
만하다.

이 프로젝트에서 가장 인상 깊었던 점은 주민
참여가 중요한 영향력을 발휘했다는 사실이다. 사용자를
중심으로 한 최적의 해결책 도출뿐 아니라 당사자가

주거 환경 개선 이전과 이후의 모습. 지면에서 집의 위치를 높여 홍수에 대비했다.

'내 삶을 개선할 수 있다'는 가능성을 자각하도록 하는 것 역시 참여형 디자인의 핵심이다. 한센병 환자라는 이유로 배척당해 온 주민들에게 이 프로젝트는 자신들의 의견을 반영해 주거 환경을 직접 개선하는 경험을 제공했다. 특히 경제적 자립을 독려하는 방식으로 접근했다는 점에 큰 의미가 있다. 도움을 받는 존재에서 스스로 삶을 바꾸는 주체로 변화한 것이다. 오랜 차별과 고립을 겪어 온 주민들에게는 그 자체로 치유의 경험이기도 했다. 단순히 아름다운 공간 구축에 그치지 않고 그곳에서 살아가는 사람들의 삶을 변화시키는 디자인의 힘을 다시금 깨닫게 된다.

3 가이드의 수치를
　　맹신하지 않는다

오직 현장에 답이 있다

일본 이시카와현의 가나자와시는 인구 46만 명의 소도시다. 여기 설립된 이시카와현립도서관은 2022년 7월 개관했는데, 1년 만에 100만여 명이 이곳에 다녀갔다고 한다. 독특한 건축 디자인의 원형 열람 공간은 그 규모 또한 엄청나다. 규격화된 책상과 의자 대신 100종이 넘는 의자와 소파를 도서관 곳곳에 배치해 이용자들이 원하는 장소에서 자유롭게 시간을 보낼 수 있도록 한 점도 매우 인상적이다.

　　2024년 여름, 이시카와현립도서관 직원 세 명을 인터뷰했다. 인터뷰의 핵심 질문은 '모두를 위한 도서관을 목표로 할 때 어떤 부분에 가장 중점을 뒀는가?'였다. 이 만남에서 언론 보도 자료로는 알 수 없었던 새로운 사실을 알게 됐다.

'북콜로세움'이라 불릴 정도로 웅장한 규모를 자랑하는
이시카와현립도서관

그것은 "가이드의 수치를 너무 믿지 않는다"라는 말이었다. 여기서 말하는 가이드는 이시카와현의 배리어 프리Barrier-Free 가이드라인[5]이다. 의미 그대로 장벽을 제거하고자 하는 것이 배리어 프리다. 휠체어 이용자가 건물이나 거리에서 맞닥뜨리는 턱이나 계단 등 이동의 장벽을 철폐하고자 하는 데서 배리어 프리라는 개념이 탄생했다. 현재는 조금 더 확장된 의미로 장애가 있는 사람 누구나 장벽 없이 이동할 수 있는 공간과 건축을 만들자는 사회적 움직임을 강조하는 데 사용된다.

어쨌거나 이런 공식적인 가이드를 믿지 않는다는 것은 무슨 의미인가? 이시카와현의 배리어 프리 가이드가 형식적이거나 적절하지 않아서 믿지 못한다는 말인가? 내 질문에 경영 관리과의 사카이 씨는 인상 깊은 대답을 했다. "답은 오직 현장에서 찾습니다." 기본적으로는 가이드라인을 준수하지만, 수차례 테스트를 거쳐 결국 현장에서 답을 찾는다는 말이다. 가이드의 정보를 참조하되 현장 상황에 맞춰 적용할 수 있는 여지를 남겨 두는 것이다.

어떻게 현장에서 답을 찾을 수 있을까? 장애인 당사자의 참여가 있었기에 가능했다. 건축 프로젝트 담당자들은 접근성에 제약을 겪는 사람들이 만족할 만한 설계 기준을 찾기 위해 인근의 장애 관련 단체와 긴밀하게 협력했다. 이시카와현 내 청각장애인·시각장애인·지체장애인협회, 전국척수손상자연합회 이시카와현 지부, 가나자와 '손을 잡는 부모 모임' 등이 프로젝트에 함께해 완성도 높은 유니버설 디자인을 추구할 수 있었다.

테스트 범위부터 광범위했다. 먼저, 도서관 책장이나 의자 등 여러 가구를 설치하기 전에 실물 크기 모형Mock-up으로 검증을 거쳤다. 검증 항목은 크게 네 가지로 나눴다. 첫째, 원형 열람 공간에서는 경사로 기울기(15분의 1 각도), 경사로 너비, 휠체어 회전 가능 여부,

계단에서 휠체어 이용자의 교차 통행 가능 여부, 책을
집고 이동하는 동작 등을 확인했다. 둘째, 서가에서는
손으로 책을 집는 동작, 서가 측면 사인의 시인성, 바닥
재질을 비교하며 검증했다. 셋째, 책상 의자, 카운터 의자,
소파도 모형을 통해 사용의 편리성과 적합성을 평가했다.
넷째, 도서 반납함 투입구의 높이를 구역에 따라 다양하게
했다. 정문 반납함에는 116cm와 80cm, 1층 도서 구역
입구에는 116cm, 북쪽 현관은 90cm, 어린이 구역은
80cm, 2층 도서 구역 입구는 90cm로 각각 설정해
검증했다.

검증 과정에는 다양한 유형의 장애인이 참여했다.
먼저 한쪽 몸이 마비돼 주로 지팡이를 사용하는 편마비
이용자들의 의견을 반영해 경사로의 기울기와 너비,
서가의 접근성을 점검했다. 휠체어 이용자들은 전동식과
수동식 휠체어로 나눠 검증했다. 전동 휠체어의 경우
공간의 회전 반경과 경사로의 기울기가 중요했다. 직접
바퀴를 움직이는 수동 휠체어는 더 넓은 통로와 평평한
바닥이 필요했다. 하반신 또는 팔다리 마비가 있는 이들은
서가와 열람석 사이에서 이동하거나 책을 집을 때 동선이
원활해야 했다.

시각장애 역시 다양한 유형을 고려했다. 완전히
보이지 않는 전맹 시각장애인을 위해 특정 구간에는 바닥
질감 변화나 소리로 방향을 인식할 수 있도록 설계하고,

저시력 시각장애인 사용자의 의견을 참고해 조명과 표지물 가시성을 확보하고 서가와 책을 쉽게 식별할 수 있도록 했다. 시야가 좁은 이들의 경우 물체나 공간 인식에 어려움을 겪으므로 장애물이나 이동 경로의 명확한 구분을 꼼꼼하게 검토했다.

   휠체어 이용 장애인이 경사로가 있는 구역의 책장에서 책을 빼고, 잠시 멈춰서 책을 읽는 상황을 가정해 보자. 한국의 〈장애인·노인·임산부 등의 편의 증진 보장에 관한 법률 시행규칙〉에 보면 경사로의 기울기를 18분의 1 이하로 하며, 지형상 부득이한 경우는 12분의 1 이하로 한다고 돼 있다. 이렇게 나와 있으니 테스트 없이 18분의 1 이하로 설정하면 어디서나 유효할까? 가이드만 믿고 18분의 1 각도로 설치했는데 알고 보니 최적의 사용자 경험상 20분의 1이 적합했다면? "죄송합니다. 가이드에서 그렇게 하라길래 18분의 1로 반영했습니다"라는 말이 과연 디자이너로서, 건축가로서 옳은 답변일까?

   한국에도 배리어 프리 건축물 가이드가 있다. 항목별로 세부적인 기준에 맞춰 시공하면 인증 마크를 얻을 수 있다. 이 정도의 노력에 대해 부족하다고 지적하는 일은 매우 드물 것이다. 인증을 받지 않은 경우도 많으니까.

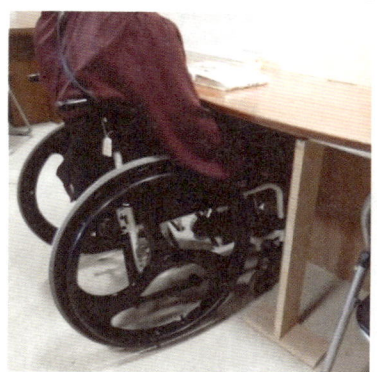

여러 차례 테스트를 거쳐 최적의 사용성을 도출하는 과정

하지만 공간에 대한 경험은 숫자로 갈음되지 않는다. 이 글을 읽는 당신이 행복했던 공간을 떠올려 보라. 혹시 천장이 3m 이상에 유효 폭은 2.3m 이상이며 자동문이 있고, 화장실에 바가 설치돼 있고, 경사로가 있는 공간에서 행복감을 느꼈는가? 그건 접근 가능한 수준을 만드는 조건일 뿐이다. 휠체어 이용자가 경사로를 따라가다가 어떤 서가에서 마음에 드는 책을 발견했을 때 잠시 정지하고 그 책을 꺼내는 찰나의 경험에 대해 말해 줄 수 있는 가이드는 없다. 답은 오직 현장에 있다.

4 도시에 적용되는 프로세스 이코노미

핀란드의 시민 참여 프로젝트

결과가 아니라 과정을 공유하며 가치를 실현하는 시대. 《프로세스 이코노미》의 저자 오바라 가즈히로尾原和啓, Obara Kazuhiro는 "커뮤니티야말로 경영 전략의 핵심이고, 이 커뮤니티를 가장 밑에서부터 받쳐 주는 요소가 바로 과정에 담긴 이야기와 서사"라고 말한다. 이와 같은 메시지를 핀란드 헬싱키의 오디도서관Oodi Library에서도 만날 수 있다.

    디자인을 처음 공부할 때부터 스칸디나비아 스타일의 유선형 건축물에 관심이 많던 나는 헬싱키의 오디도서관을 사진으로 접했을 때 '꿈의 도서관'이라 불릴 만하다고 생각했다. 공모를 통해 이 정도 규모로 설립된 도서관은 어떤 설계 과정을 거쳤을까? 2024년 여름 오디도서관의 정보 접근성 전문가인 사무 이브Samu Eeve와 인터뷰차 줌으로 만났다.

이브는 도서관의 설립 초기 과정에서부터 시민들이 주도적으로 참여했다고 언급했다. 여러 인터뷰와 자료를 살펴보니 오디도서관은 그의 말처럼 시민 참여의 산물이었다. 2008년 헬싱키시에서는 중앙 도서관 리뷰 보고서 〈대도시의 심장The Heart of the Metropolis〉을 기반으로 오디도서관 프로젝트의 목표와 비전을 설정했다. 수많은 도서관 이용자가 이 문서의 작업 과정에 참여해 토론하며 도서관의 방향성을 설계했다.

2010년부터 시작된 '중앙 도서관을 위한 꿈의 나무The Tree of Dreams for Central Library' 프로젝트는 시민들의 아이디어를 공모하는 디지털 플랫폼이었다. 또한 실제 나무의 모습으로도 헬싱키 시내를 순회하며 시민들의 꿈을 잎의 형태로 수집했다. 수집된 2,300여 개의 아이디어는 분류와 분석 작업을 거쳐 결과물에 반영됐다.

특히 시민 참여형 예산으로 할당된 10만 유로의 사용 방법을 워크숍을 통해 결정했고, 꿈의 나무 프로젝트에서 수집된 아이디어 중 여덟 가지가 선정됐다. 도서관 이용자들뿐만 아니라 헬싱키 국립시청각연구소와 알토대학교의 연구자를 비롯 여러 디자인 전문가가 협력해 서비스를 설계했다. 프로젝트 자체가 도서관을 둘러싼 다양한 이해관계자가 주체가 되어 가는 과정이었다.

헬싱키의 랜드마크로 자리 잡은 오디도서관

시민들의 의견을 수렴해 다양한 실험이 가능한 공간을 만들었다.

"건물은 2018년 12월에 개관했지만, 오디도서관은 결코 여기서 멈추지 않을 것입니다. 우리는 이용자들과 함께 도서관 서비스를 지속적으로 발전시켜 나갈 것입니다."

– 안나 마리아 소이닌바라, 오디도서관장

심지어 도서관에 핀란드의 자랑인 사우나를
만들자는 아이디어까지 진지하게 검토했다는 이야기를
들었을 때, 이런 접근 방식이 꽤나 호기심을 자극했다.
그래서 헬싱키에서는 시민 참여형 설계가 일반적인지
물어봤다. 이브는 헬싱키에는 '오마스타디OmaStadi' 같은
것도 있다고 답했다. 나는 잘못 알아듣고 헬싱키가 글로벌
건축회사 오마OMA와 관련한 어떤 프로젝트를 진행한
걸까 하고 추측했다.

  이후 다시 검색 중에 그가 말한 오마스타디가
헬싱키의 시민 참여 프로젝트임을 알게 됐다.
오마스타디는 헬싱키시에서 직접 관리하는 프로젝트로,
도시 발전을 위한 시민들의 아이디어 실행을 목표로 한다.
핀란드어 Oma는 '자신의' 또는 '나의'를 의미하고, Stadi는
'도시'를 뜻한다. 즉 오마스타디는 '나의 헬싱키' 또는
'나의 도시'라는 의미로, 시민이 직접 도시를 더 나은
곳으로 만든다는 프로젝트 성격을 이름에 반영하고 있다.

  오마스타디는 시민 참여 예산제를 통해 진행된다.
헬싱키 시민들이 도시 발전을 위해 아이디어를 제안하고,
시에서는 이 중 선정된 아이디어를 실행한다. 과정은 총
다섯 단계로 나뉜다. 먼저, 접수 기간 중 시민들은 온라인
플랫폼에 도시 개선을 위한 아이디어를 제출하고, 시
정부와 전문가들이 이를 검토한다. 이후 공동 워크숍에서
시민들과 전문가들이 협력해 아이디어를 발전시킨다.

프로젝트가 구체화되면 예산 규모와 실행 가능성을 검토하는 단계를 거친다. 이후 13세 이상의 헬싱키 주민들이 선호하는 프로젝트에 투표하고, 가장 많은 표를 얻은 프로젝트부터 예산이 할당된다. 선정된 프로젝트의 진행 상황은 오마스타디 웹사이트에서 실시간으로 확인할 수 있다.

과정과 변화 공개하기

오마스타디에서 주목한 부분은 바로 시민들이 아이디어 현실화 과정을 확인할 수 있다는 점이다. 나는 몇몇 NGO에 기부하고 있는데, 기부금이 어떻게 쓰이는지 전혀 알 수 없는 단체가 있는가 하면 어떤 변화를 만들어 가는지 투명하게 공개하는 곳도 있다. 전자보다는 후자의 경우에 꾸준히 기부를 이어 가게 된다. 참여자는 구체적인 변화를 확인할 수 있을 때 프로젝트의 의미를 체감한다. 각 단계에서 구성원이 주체적인 역할을 하며 참여가 불러일으키는 변화를 목격할 수 있도록 한 오마스타디 사례는 그런 점에서 매우 긍정적이다.

오마스타디는 실행 현황을 홈페이지에 아주 구체적으로 공개한다. 우선, 헬싱키 전 지역에서 시행되고 있는 프로젝트의 편성 예산과 집행 예산을 한 번에 볼 수 있다. 표기된 투표수를 보며 인기 순위에 따른 집행

시민들이 가장 궁금해할 만한 부분에 초점을 맞춰 구성한
오마스타디 홈페이지

상황을 파악할 수 있다.

    오마스타디 홈페이지 상단에는 "오마스타디 프로젝트들을 확인해 보세요"라는 메시지가 자리 잡고 있다. 첫 번째 네비게이션 바는 이행Implementation이다. 결국 시민들이 중요하게 생각하는 것은 '그래서 진짜 바뀌는 건가?' 하는 지점일 텐데, 궁금하게 여길 만한 부분을 첫 카테고리로 노출했다. 홈페이지 상단의 검정색 바나 이행 탭을 클릭하면 실행 중인 프로젝트들을 한눈에 확인할 수 있는 페이지로 넘어간다. 메인 화면에서는 추진 과정과 지역별 배분 예산도 공개하고 있다. 흥미로운 것은 어떤 지역에서 프로젝트가 진행되고 있는지 지도를 보며 파악할 수 있다는 점인데, 리스트 형태로도 볼 수 있다.

해당 위치를 클릭하면 프로젝트 상세 페이지로 이동한다.

상세 페이지에는 프로젝트 과정이 세부적으로 공개돼 있다. 헬싱키 북부 지역에 야외 운동 시설을 만드는 프로젝트에 할당된 예산, 투표자 수, 부서 담당자의 이름까지 적혀 있다. 또한 프로젝트의 현재 진행 상황을 상세히 볼 수 있다. 예를 들어, '전체 평균 실행률은 6.3%, 해당 프로젝트의 실행률은 10%'처럼 수치로 확인할 수 있다. 그 밖에 유사 아이디어 제안, 헬싱키시와 참여 시민들의 피드백 등의 항목이 있다. 각 지역에서 최다 득표를 얻은 제안과 할당 예산도 투명하게 공개하고 있고, 지역별로 확인하기 쉽게 구성했다.

오마스타디 홈페이지는 스페인의 바르셀로나에서 주도해 개발한 오픈소스 플랫폼 데시딤Decidim을 활용해 구축했다. 데시딤은 시민들이 직접 제안서를 제출하고 의견을 나누며 시의 정책 토론에 참여할 수 있도록 하는 플랫폼이다. 데시딤에서 중요한 것은 투명성이다. 제안 단계에서부터 최종 의사 결정과 이후 집행 과정을 추적할 수 있도록 설계됐다. 또한 모듈형 구성으로 각 시에서 원하는 기능만 조합해 사용할 수 있게끔 맞춤형 환경을 제공한다. 뉴욕의 시민 참여 플랫폼이나 프랑스 하원의 국민 청원 플랫폼, 브라질 정부의 국민 참여 플랫폼도 데시딤을 활용했다.

시민 참여와 민주적 행정 시스템이라는 공통점이 있지만 각 나라의 플랫폼에는 조금씩 차이가 있다. 헬싱키의 오마스타디 플랫폼은 참여와 결과를 구체적으로 확인할 수 있다는 점에서 사용자 친화성이 돋보인다. 여타 시민 참여 플랫폼과 같은 프로그램을 사용한 것이 맞나 싶을 정도로, 시민들이 정말 궁금해할 만한 정보를 상세하게 제공한다.

시민 참여 모델은 확장될 수 있다

시민 참여로 도시의 일부분을 바꾸는 일들은 오래전부터 있어 왔다. 서울시에서도 '참여예산제'라는 이름으로 시민들이 낸 의견을 시 예산에 반영해 실행하는 사업을 하고 있다. 거슬러 올라가 보면 참여예산제는 브라질 남부의 포르투 알레그리Porto Alegre에서 비롯됐다.

포르투 알레그리는 1989년 최초의 참여예산제Participatory Budgeting, PB를 도입한 도시로 평가받는다. 도입 배경은 이렇다. 당시 브라질의 진보 정당인 노동자당이 포르투 알레그리의 시정을 맡게 됐다. 이전 정권의 심각한 부패와 부조리를 겪어 온 시민들은 사회적 불평등에 대한 해결 의지가 강했다. 시민들은 직접 예산 배분 과정에 참여해 공정하고 투명한 기준에 따라 자원이 배분되기를 희망했다.

이에 시에서는 빈곤층을 비롯해 소외 계층의 목소리에 귀를 기울이고자 시민들이 상하수도, 주택, 보건, 교육 등 필수 공공 서비스에 의견을 내고 우선순위를 정할 수 있도록 하는 논의 구조를 마련했다. 이는 긍정적인 결과로 나타났다. 1988년에서 1997년 사이 전체 가구의 하수도와 수도 연결이 75%에서 98%로 증가했으며[6], 1986년 1,700명의 시민에게 주거를 제공하던 공공 주택 단지는 1989년 2만 7,000명에게 주거를 제공할 수 있었다. 보건과 교육 예산은 1985년에 전체 예산의 13%였으나, 1996년에는 거의 40%까지 증가[7]했다. 시민 참여가 만들어 낸 성과였다.

사회적 재분배와 평등을 중요시한 포르투 알레그리와 시민 아이디어의 실현을 강조한 오마스타디 사례에는 분명 다른 점이 있다. 오마스타디는 예산 편성까지 시민이 적극적으로 주도하는 모델은 아니다. 정부가 더 소외된 계층의 의견을 반영하는 역할을 해야 한다는 점에서 오마스타디의 한계를 지적하는 의견도 있다. 여기서 주목할 것은 오마스타디의 과정 중심 접근 방식이다. '프로세스 이코노미'에서 강조하는 과정의 공유, 즉 참여자의 궁금증을 해소하고 진행 상황을 투명하게 공개한다는 점에서 의미가 있다.

앞서 참여형 디자인 프로세스를 'For, With, By'의 세 카테고리로 나눴는데, 오마스타디는 'With'의 좋은 예시라 할 수 있다. 기존의 시민 참여 활동은 시민 주도라는 이름 아래 시민이 아이디어를 제안하고 정부가 이를 실행하는 구조였지만, 실행 과정이 충분히 공유되지 못했다. 반면 오마스타디는 실행 현황을 누구나 검색하고 이해할 수 있도록 공개하는 것까지를 목표로 한다. 공공 부문뿐만 아니라 기업에서도 이러한 접근 방식은 참고할 만하다. 고객에게 특정 비전을 제시하고자 하는 기업이라면, 그 비전을 어떻게 이행하고 있는지를 투명하게 보여 줌으로써 가치 실현을 증명해 나갈 수 있다.

5 시혜와 수혜의
　　관점을 넘어

진짜 대화를 만드는 공간

다양한 사용자의 참여를 이끌어 내는 일은 주관하는 기관의 운영 철학과도 관련이 깊다. 각종 기관에서 장애인이나 소외 계층이 프로그램에 참여했다고 홍보하지만, 보여 주기 식으로 일을 진행하는 경우가 많다. 마치 활발히 교류하고 공감을 나눈 것처럼 언론 홍보에 나서곤 하지만 정작 참여한 사람들의 의견이 얼마나 반영됐는지는 알 수 없다.

　　지금까지 인터뷰한 많은 기관의 담당자 중 특히 기억에 남는 세 사람이 있다. 물론 이들은 서로 전혀 모르는 사이지만 이들에게서 공통적인 열의를 느낄 수 있었다. 영국 호니먼박물관Horniman Museum의 커뮤니티 매니저 줄리아 코트Julia Cort, 미국 국립공원 관리청의 시각 정보 스페셜리스트 에리카 윌리엄스Erica Williams,

정기적으로 활동하는 호니먼박물관의 접근성 자문단

그리고 글레이저어린이박물관의 마케팅 총괄 케이트 화이트Kate White가 그들이다.

나는 장애인이 적극적으로 참여한 프로젝트를 찾아보면서 호니먼박물관의 접근성 자문단을 알게 됐다. 장애인과 관련한 프로그램을 마련하는 박물관은 별로 없을뿐더러, 장애 당사자에게 약간의 자문을 받기는 하지만 전시 기획의 주도권을 주는 것은 극히 드문 일이다. 줄리아 코트도 100여 년 역사의 호니먼박물관 건립 이래 외부인이 가장 많은 역할을 한 사례가 이 접근성 자문단이라고 말했다.

호니먼박물관의 접근성 자문단은 박물관의 접근성

개선점에 대해 정기적으로 의견을 낸다. 주로 지역 주민들로 구성됐고, 다양한 유형의 장애인이 참여하고 있다. 박물관 중앙 건물 개선 사업, 홈페이지 보완, 간판 재설치 등 여러 프로젝트를 함께해 왔다. 물리적 접근성이 어느 정도 정비된 이후에는 주로 콘텐츠 접근성과 관련한 프로젝트를 다루고 있다고 한다.

접근성 자문단이 박물관과 공동으로 큐레이션한 전시 〈Always Part of Story〉가 전환점이 됐다. 호니먼박물관 내 인류학 갤러리인 월드 갤러리를 새롭게 단장하면서 기획 전시를 준비하던 중 코트는 흥미로운 아이디어가 떠올랐다. 박물관이 소장품을 통해 특정한 메시지를 전하듯, 장애 당사자들도 직접 큐레이션한 물건으로 자신들의 이야기를 전할 수 있지 않을까?

그렇게 2021년 전시가 진행됐다. 'Always Part of Story', 직역하면 '언제나 이야기의 일부'라는 전시 제목은 그 자체로 중요한 메시지를 던진다. 인류 역사에서 장애인의 기록은 빈번히 제외됐는데, 때때로 그 이야기는 고정관념에 사로잡혀 쓰였기 때문이다.

"나는 태어나면서 몸매의 아름다운 균형을 잃었다. 사기꾼 같은 자연에 속아서 흉한 꼴이 되어, 병신 모습에 미숙아로 태어나, 생동감 넘치는 이 세상에 밀려났으니…… 이 몸이, 절룩대며 뒤뚱뒤뚱 걸어가면, 개마저 으르렁대고 짖어 댄다.

…(중략)… 나는 말재주 부리며 놀아나는 바람둥이가 될 처지도 못 되니, 악당이나 되어 이 세상 부질없는 쾌락을 미워하고 저주하겠다."[8]

- 〈리처드 3세〉 1막 1장 중

윌리엄 셰익스피어의 희곡 〈리처드 3세〉에서 리처드는 '기형으로 미완성'된 신체 때문에 사랑받을 수 없다고 느끼고 악인이 되기로 결심한다. 작품 내내 그의 신체는 악을 상징하는 도구로 사용된다. 르네상스 초기 셰익스피어가 활동하던 시기에서 근대로 넘어오면서 상황은 크게 달라졌을까? 19세기에는 우생학의 등장으로 장애는 열등한 유전자의 증거라는 잘못된 인식이 퍼졌다.

박물관의 역사도 마찬가지다. 코트는 장애가 있는 방문자를 위해 접근성을 향상시키려는 노력은 계속됐지만, 장애인이 박물관에서 서사의 중심이자 주체적인 서술자가 되는 사례는 드물었다고 말한다. 〈Always Part of Story〉는 그동안의 역사가 장애인의 이야기에 주목하지 않았을 뿐 장애인은 언제나 이야기의 일부였고, 당사자의 존재와 역할을 인식해야 한다는 메시지를 전한다. 접근성 자문단 구성원들은 자신들의 메시지를 담을 수 있는 소장품을 전시에 내놓았고, 저마다의 관점을 덧붙였다.

맹인 음악가Musicien Aveugle 모습의 장갑 인형으로, 손과 머리카락은 각각 나무와 식물 섬유로 만들어졌다. 깃털이 달린 초록색 모자를 쓰고 보라색 치마, 갈색 셔츠 그리고 양가죽 조끼를 입은 이 인형은 나무 받침대에 고정돼 있다.

"장애인이 사회에서 긍정적인 역할을 할 수 있는지 많은 문화권에 고정관념이 있다. 그러나 당사자 스스로 어떤 삶을 살고 싶은지 결정해야 한다. 선택의 자유가 없다면 건강할 수 없다. 할 수 있는 것과 할 수 없는 것을 장애가 정해서는 안 된다. 그럴 수 없을 때, 마치 줄에 매달린 인형이 된 것 같다."

— 필릭스

장애 당사자의 관점을 담은 전시를 기획한 담당자는 어떤 생각을 했을까? 줄리아 코트는 박물관이 '진짜 대화'를 끌어낼 수 있는 공간이 돼야 한다고 강조했다. 이 전시는 역사적으로 형성된 장애에 대한 편향적인 생각을 함께 들여다보자고 관람객에게 말을 건넨다. 불편한 진실을 회피하지 않을 때 비로소 진짜 대화가 시작될 수 있다.

호니먼박물관의 창립자 프레데릭 호니먼Frederick Horniman은 19세기 무역상이었고, 그가 세계 각국에서 수집한 물품을 지역 주민들에게 보여 주기 시작한 것이 박물관의 출발이었다. 상당수 서구의 박물관이 태동한 역사가 그러하듯, 이 공간의 설립에는 제국주의적 성격이

접근성 자문단 구성원들의 전시 기획 과정

담겨 있을 수밖에 없었다. 박물관은 누구나 의견을 낼 수 있는 중립적인 공간이어야 함에도 불구하고 그간 편향된 시각에 갇혀 왔다고 코트는 지적했다. 서구 중심의 우월성을 강조하는 서사이거나 장애를 정상성의 기준에서 벗어난 '결핍'으로 치부했던 시각처럼 말이다. 진정으로 포용적인 공간이 되려면 박물관 내부의 관점에만 머무르지 않고 협력하는 작업이 동반돼야 한다. 인터뷰 말미에 그는 이렇게 말했다. "당신의 도움이 필요합니다"라고 말할 수 있어야 한다고.

　　　최근 서울시립미술관과 함께 '미술관의 확장을 만들어 가는 도구'를 개발하는 참여형 워크숍을 진행했다. 프로젝트 〈미술관에 갑니다〉에서 나는 미술관의 전시와 콘텐츠가 시각 중심으로 구성돼 있어 다른 감각으로는 접근하기 어렵다는 점에 주목했다. 그래서 우리는 인쇄물 읽기에 제약이 있는 시각장애인, 발달장애인과 함께 이런 장벽을 조금이나마 해소할 수 있는 도구를 만들어 보기로 했다.

　　　이 과정에 반드시 당사자가 '함께'해야 한다고 생각했다. 장애 당사자와 비장애인으로 구성된 40여 명이 일곱 차례 모여 토론하고 아이디어를 주고받았다. 여러 장애 당사자의 필요를 만족시키는 동시에 우리가 개발한 도구의 유지와 보수를 담당하는 미술관 측의 입장까지, 모든 이의 의견을 담아 결과물을 구현하는 일은 쉽지 않았다.

　　　그러나 완벽함보다 중요한 것은 태도다. 당사자의 의견을 적극적으로 수렴하고 최대한 반영하기 위한 노력. 이러한 노력들이 쌓여 '점진적'으로 더 나은 결과물이 탄생한다. 접근성은 한 번에 이루는 것이 아닌 매번의 업데이트로 만들어 나가는 것이기 때문이다. 이런 과정을 거쳐 도출된 결과물이 있는 곳과 없는 곳은 전혀 다르다.

토론과 합의를 통한 참여의 장을 기꺼이 마련하는 곳. 그 결과로 탄생하는 어떤 도구를 제공하는 곳. 그런 공간은 진정으로 '함께 만들어 가는' 공간이 된다. "당신의 도움이 필요합니다"라는 말은 어느 한쪽만의 노력이 아닌 다양한 관점의 아이디어가 섞이면서 비로소 더 나은 변화를 만들 수 있다는 겸허한 제안이자 초대다.

접근성, 모든 프로젝트의 출발점이자 필터

산악지대에 있는 국립공원과 접근성이라는 단어를 함께 떠올리기는 쉽지 않다. 산 아래까지 대중교통으로 이동할 수 있다면 그나마 접근성이 좋은 편이라고 생각하지 않을까? 산에 있는 국립공원을 휠체어를 이용해 오르는 건 상상만으로도 버겁다. 하지만 세쿼이아·킹스캐니언 국립공원Sequoia & Kings Canyon National Parks의 접근성 영상 시리즈를 접했을 때, 국립공원에도 접근성 개념을 도입하면 더 많은 사람이 자연의 아름다움을 만끽할 수 있다는 생각이 들었다.

  이 시리즈는 3분짜리 영상 다섯 편으로 구성돼 있다. 장애아동과 그 가족이 접근성을 갖춘 시설을 설명하고, 여건이 비슷한 사람들에게 유용한 팁도 제공한다. 예를 들어, 국립공원 내 탐방 경로 중 휠체어로 이동할 수 있도록 만든 평평한 도로를 소개한다. 휠체어 탑승이 가능한 셔틀버스는 두 지역에서 운행된다는 점과 각 버스의 특징도 덧붙인다. 전맹 시각장애인이 점자 안내도를 읽으면서 안내도가 금속 소재라 손이 시릴 수 있으니 장갑을 꼭 챙기라고 당부하기도 한다. 이 외에도 ASL American Sign Language, 미국 수어로 설명을 제공하는 크리스털 동굴 투어, 휠체어 이동이 편리한 주차장과 경사로를 갖춘 캠프장 정보까지 상세하게 알려 준다.

   이 영상 시리즈는 가족의 하이킹 경험을 담고 있다. 먼저, 세 사람이 화면에 클로즈업되면서 공원의 아름다움을 이야기한다. 시원하게 떨어지는 폭포, 거대한 바위, 나뭇가지 등 그들이 마주한 자연의 아름다움을 생생하게 전한다. 그러다 차츰 아이작의 특징이 드러난다. 아이작은 태어날 때부터 한쪽 다리가 없었고, 여덟 살 때 입양됐다고 담담하게 말한다. 아이작은 양손에도 장애가 있다. 산에 다니기에 분명 여러 제약이 있지만, 보조 기구를 이용해 평평한 지역을 걷고, 바위에도 오른다.

   이런 아이작에게 세쿼이아·킹스캐니언 국립공원이 완벽히 편한 곳은 아닐 수도 있지만, 그가 자연의 아름다움을 만끽하며 성장할 수 있는 장소임을 여러 장면을 통해 보여 준다. 아이작의 아버지는 "내가 살아오면서 경험한 자연의 아름다움을 아들도 느낄 수 있기를 바랍니다"라고 말한다. 그의 말은 누구나

국립공원에서 한때를 보내는 장애아동 아이작과 부모의 모습을 담은 접근성 관련 영상의 한 장면

국립공원의 아름다움을 경험할 수 있어야 한다는 메시지를 전달한다.

누군가는 이런 연출이 그다지 신선하지 않다고 생각할지도 모르겠다. 그러나 국립공원, 특히 산과의 접근성은 쉽게 연결 짓기 어려운 소재다. 나는 운영 기관 측에서 이 영상 시리즈를 기획한 과정과 접근성을 위해 어떤 노력을 했는지 궁금했다. 미국 국립공원관리청의 친절한 안내로 기획자인 시각 정보 스페셜리스트 에리카 윌리엄스와 대화할 수 있었다.

국립공원을 즐기는 방법은 다양하다. 하이킹을 하면서 계절마다 달라지는 풍경을 감상하거나, 캠핌장에서 별을 보며 하룻밤 묵는 것도 국립공원을

시각장애인이 점자 안내도를 읽는 모습

즐기는 방법이다. 공원의 교육 프로그램에 참여하거나 자원봉사를 하며 새로운 시선으로 체험할 수도 있다. 윌리엄스는 모든 방문자가 국립공원에서 풍부한 경험을 할 수 있도록 하는 것이 목표라고 설명했다.

　바위가 많고 경사가 가파른 환경에서 어떻게 접근성을 확보할 수 있을까? 윌리엄스는 모든 탐방로에서 최상의 접근성을 제공할 수는 없지만 일부 구역에서는 충분히 가능하다고 말한다. 영상에서도 볼 수 있듯이 많은 영역이 평평한 도로로 돼 있다. 그는 '좋은 접근성'이란 방문자가 '추가적인 요청 없이 독립적으로' 공원을 즐길 수 있는 환경을 구축하는 것이라고 강조했다.

　물론 장애인 방문객이 아무런 보조 없이 혼자 모든

캠핑장에서 화장실로 가는 길은 평평하다.

구역을 탐방하는 것은 쉽지 않을 수 있다. 그러나 최대한 독립성을 보장하고 동등한 경험을 제공하자는 목표를 지향점으로 삼는 것은 중요하다. 윌리엄스는 이를 위해 정확한 정보 제공이 필수적이라고 덧붙였는데, 세쿼이아·킹스캐니언 국립공원 홈페이지에서는 접근성 관련 정보를 매우 상세하게 안내하고 있다. 한 예로 화장실 수도꼭지를 손가락 대신 주먹으로 밀거나 돌려서 사용할 수 있음을 명시하고 있을 만큼 구체적이다.

  접근성에 조예가 깊은 한 사람만의 노력으로 이런 실행이 가능할까? 내가 만난 많은 실무자는 프로젝트에서 접근성을 고려할 때 동료나 결정권자 들의 관심이 부족하다는 이야기를 전하곤 했다. 결국 집단 내부에 접근성에 대한 문제의식과 이해가 공유돼야 한다. 윌리엄스는 프로젝트 진행 시 팀 내부에서 접근성이 하나의 필터 역할을 한다고 말한다. 기획 단계에서 이런 부분에 대한 고민이 자연스럽게 병행되기 때문에, 이제는 회의에서 '접근성'이라는 단어를 굳이 언급할 필요조차 없다고 했다. 접근성이 기본값이 된 것이다.

"접근성은 곧 디폴트 필터"라는 말이 매우 인상적이었다. 우리가 지금까지 살펴본 것들이 바로 이러한 기본값에 관한 이야기다. 지금까지 건축 설계의 기본값은 특정한 사람들에게만 초점을 맞춰 왔다. 장애가 있는 사람들은 전혀 고려하지 않은 경우도 많았다. 휠체어로는 접근이 어려운 탐방로와 전망대를 설계하거나 시각장애인을 위한 안내 표지판이나 음성 가이드가 없는 경우는 여전히 많다. 접근성이나 포용적인 설계는 대부분 '옵션'으로 취급됐고 기본 설계가 끝난 후에야 추가로 고려되는 사항이었다.

그러나 윌리엄스의 말처럼 접근성을 굳이 언급할 필요조차 없다는 것은 팀 내부에 접근성에 대한 인식이 깊이 자리 잡고 있다는 뜻이다. 지속적인 피드백 수집과 이를 반영하는 노력, 접근성의 중요성을 일상에서 인식하고 실행으로 옮기는 문화가 정착된 결과다.

세쿼이아·킹스캐니언 국립공원의 담당자들은 컨 카운티 장애인자립생활센터Independent Living Center of Kern

County와 긴밀하게 협력하고 있었다. 센터의 구성원들과 함께 접근성 영상 시리즈를 만들고, 센터에서 장애 인식 교육도 받는다. 국립공원에서 전시를 준비할 때는 서로 충분히 소통하며 진행하고, 전시 이후에도 피드백을 참고해 개선해 나간다. 설계자나 관리자가 보지 못하는 허점이 여전히 존재하기 때문이다. 이런 과정이 지속 가능한 접근성을 만든다.

접근성이 프로젝트의 출발점이자 필터가 될 수 있을까? 충분히 그럴 수 있다. 당사자들에게 참여를 제안하고 의견을 주고받으며 결과물을 만들어 가는 일 역시 특별할 것 없는 과정으로 자리 잡아야 한다. 이는 우리 시대의 모든 기획자에게 요구되는 관점이자 책임이다.

살아 냈다는 안도가 아닌
삶에서 가장 즐거운 시간

"이번 한 주도 살아 냈다."

어린 자녀를 돌보는 부모들과 대화를 나누면서 종종 듣는 말이다. 아이가 다치는 등의 특별한 사고 없이 무사히 한 주를 보냈다는 안도감과 육아의 피로감이 묻어나는 표현이다. 하지만 이런 안도가 나날이 이어지다 보면, 어느 순간 '최선의 행복'을 기대하는 마음이 무뎌지게 된다. 생각해 보라. 모든 사람은 최상의 경험으로 행복을 누릴 권리와 욕구가 있다. 그것이 놀이, 제품, 서비스 혹은 어떤 장소에서 얻는 지적 경험이든 말이다. 시간과 에너지를 그저 무덤덤하게 흘려보내고 싶어 하는 사람은 없을 것이다.

너무 당연한 말이지만 장애아동과 그의 가족도 마찬가지다. 글레이저어린이박물관의 마케팅 총괄 케이트 화이트를 인터뷰하며 이런 근본적인 기준을 다시 한번 생각하게 됐다. 장애인을 고려한 기획은 일정 기준을 맞추는 정도로 그치는 경우가 많다. 대개 장애인 편의시설 기준과 같은 법적 인증을 통과하는 수준에 불과하다.

장애 유무와 관계없이 박물관을 방문하는 사람이라면 누구나 즐거움이나 아름다움을 느낄 수 있어야 한다. 경험을 통해 기쁨을 누리고자 하는 마음은 자연스러운 것이다. 케이트 화이트는 장애인법 준수는 최소한의 조건이라고 말한다. 아주 당연한 조건 말이다. 최소한의 기준을 넘어 어떻게 최상의 경험을 전달할 수 있을지 고민하는 것. 이것이 글레이저어린이박물관이 지향하는 포용적인 박물관의 목표다. 이곳에서는 장애와 관련한 최신 동향이나 내부의 접근성 실현 정도에 대해 사우스플로리다대학교의 자폐 및 관련 장애 센터Center for Autism and Related Disabilties, 라이브러리 포 더 블라인드Library for the Blind 등 지역 단체에 정기적으로 자문을 구한다.

장애아동이 보내는 시간 역시 어디서나 최상의 것이 될 수 있어야 한다.

박물관에서 세심하게 신경 쓴 것 중 하나는 방문 시 휠체어가 필요한 어린이들에게 제공하는 전동 휠체어다. 이 휠체어는 앞뒤로 기울이거나 위아래로 움직일 수 있다. 신체 활동에 제약이 있는 어린이들의 이동 범위를 넓히고

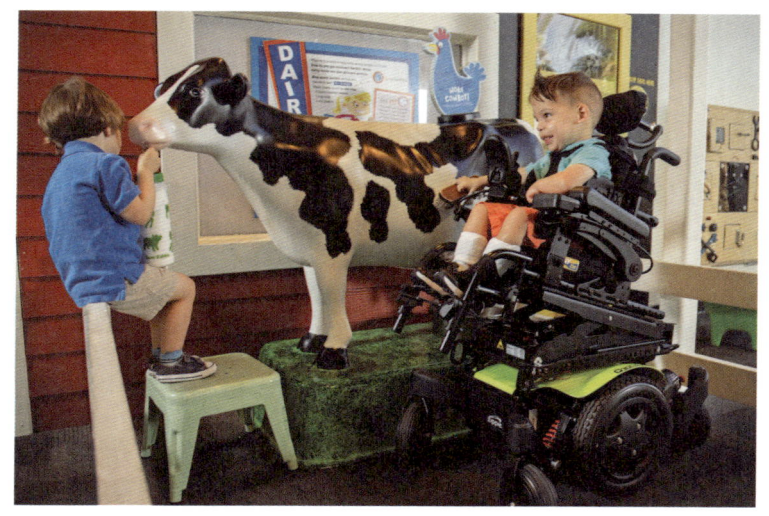

지피ZIPPIE 사에서 나온 미니 전동휠체어는 폭이 좁은 본체와 초소형 회전 반경 덕분에 좁은 문을 쉽게 통과할 수 있다. 제자리 회전이 가능하고, 몸을 기울이거나 높이를 조절할 수도 있다.

움직임을 보조해 다양한 활동에 참여할 수 있도록 돕는다. 한편 박물관을 방문하는 자폐성장애아동들이 박물관 근처의 다소 혼잡한 거리에 대비할 수 있도록 여러 상황을 정리한 내용을 비디오나 문서로 제공한다. 예상치 못한 상황을 마주하고 당황하지 않도록 안내하는 것이다. 화장실의 변기 물 내리는 소리에 자폐성장애아동이 깜짝 놀라는 일을 방지하기 위해 변기 센서용 커버를 제공하기도 한다. 이 커버를 이용하면 사람이 화장실에 있을 때는 물이 내려가지 않도록 설정할 수 있다. 이처럼 세심한 대응책을 마련하고 있다.

케이트 화이트는 어린이들이 한 주를 그저 버텨 냈다는 감정이 아니라, 정말 멋진 한 주를 보냈다는 만족감을 느끼길 진심으로 바란다. 이런 경험을 제공하는 것이 박물관의 목표라는 그의 확언에는 진정성이 담겨 있었다. 그렇기에 장애아동의 경험을 고려한 시설을 구축해 나가는 노력이 이어지는 것이다. 최근 특수교육을 담당하는 교사들과 대화하며 비슷한 이야기를 들은 적이 있다. 장애가 있는 어린이들, 특히 발달장애아동들은 치료 센터에 머무는 시간이 길고 주변에서 늘 '이렇게 해라'라는 지시를 받다 보니 칭찬을 받거나 즐거움을 누릴 기회가 부족하다는 것이다.

교사들은 이 어린이들도 행동 교정에 대한 요구나 치료를 떠나 순수하게 기쁨을 누릴 기회가 있으면 좋겠다고 말했다. 나는 그런 경험을 전달하는 요소가 학교, 박물관, 공원처럼 누구나 이용할 수 있는 공간에 자연스럽게 스며들어야 한다고 생각한다. 누구나 최상의 경험과 그 경험으로부터 오는 즐거움을 누릴 수 있어야 한다. 이러한 관점이 진정성 있는 참여와 변화를 만들어 낸다.

4장

공통점 Common

다름 속에서 발견하는 공통점

Intro   공통점과 확장 가능성

"선생님도 우리처럼 살았다고요?"

　　　내가 만난 한 선교사는 해외 빈민가에서 오랜 기간 사역했다. 처음에는 그곳 어린이들이 그와 거리를 뒀다고 한다. 어린이들에게는 '부자 나라에서 봉사활동하러 온 좋은 사람' 정도로 느껴졌을 것이다. 그러던 어느 날 그는 자신도 과거 서너 평 남짓한 방에서 다섯 식구가 살았고, 오랫동안 농사일을 했다는 이야기를 꺼냈다. 그때부터 어린이들과의 관계가 달라졌다고 한다.

　　　유사한 경험은 때로 단단하던 마음의 벽을 녹인다. 삶의 조각 하나가 '나'와 '너' 사이에 다리를 놓는다. 공통의 경험에서 비롯한 심리적 유대감은 경계를 허무는 힘이 있다. 이것이 바로 사람과 사람을 연결하는 방식인 동시에 커뮤니티 디자인의 핵심 원리이기도 하다.

　　　커뮤니티 디자인이란 단순히 사람들을 한 공간에 모으는 것이 아니다. 서로 다른 배경에서 살아온 사람들이 공통의 경험을 발견하고, 그를 통해 관계를 맺고 신뢰를 쌓아 갈 수 있도록 구조를 설계하는 일이다. 좋은 커뮤니티 디자인은 공통의 기반을 잘 포착하고, 그것을 중심으로 사람들이 자연스럽게 연결될 수 있는 여지를 만든다. 겉으로는 다 달라 보여도, 삶의 어떤 결 안에서는 꼭 닮은 지점이 있기 마련이다. 중요한 것은 그 연결의 실마리를 찾는 일이다.

　　　설계자와 사용자 사이를 잇는 공통점도 있다.

이 공통점은 설계된 제품, 공간, 서비스와 그것을
사용하는 사람 사이의 간극을 좁히는 연결 고리가 된다.
난민 청년과 고령의 노인이 마주하는 공통점, 치매를 겪는
노인이 살아온 삶과 그들이 요양 시설에서 겪는 경험
사이의 공통점, 비장애아동과 발달장애아동의 놀이에서
찾을 수 있는 공통점은 무엇일까? 또 노년 세대가 형성해
온 멘털 모델과 그들이 디지털 기기를 사용할 때 겪는
어려움에는 어떤 공통점이 있을까?

    겉으로는 다른 특징을 가진 사용자들이지만, 그들
안에 흐르는 공통된 '경험의 언어'를 읽어 내는 것이 이번
장의 핵심이다. 또한 한 개인이 익숙하게 여겨 온 삶의
방식과 오늘날 새롭게 맞닥뜨리는 경험의 충돌도 우리가
주목해야 할 연결 지점이다.

1   치매 어르신을 위한
　　　가장 평범한 디자인

일상의 리듬 지키기

"거기 살던 그 할머니 정정하셨잖아. 그런데 갑자기
요양원에 들어가셨더라고. 아휴, 이제 못 보겠네" 평균
나이 70대 중반의 어르신들과 이야기를 나눈 적이 있다.
그분들에게 큰 관심사는 건강, 치매 그리고 요양원이다.
"죽어야 나오는 곳이야"라는 말씀에는 진심이 담겨
있었다. 절대로 가서는 안 되는 곳이 돼 버린 요양원,
씁쓸했다. 나의 조부모님은 모두 치매에 걸리셨고, 각각
다른 요양원에서 돌아가셨다. 마지막으로 본 할아버지의
모습은 당신께서 나고 자란 고향의 한 요양원 침대에
누워 계시는 모습이었다. 나를 보고 어린아이처럼 엉엉
우셨고, 새내기 대학생이었던 나도 함께 울었던 기억이
난다.
　　　　보건복지부의 '2023 노인복지시설 현황'에 따르면

2023년 말 기준 전국의 노인복지시설은 모두 8만 9,643곳으로, 지난 5년간 어린이집이 9,000여 개 줄어들 때 노인복지시설은 1만 3,000여 개 증가했다. 초고령화 시대에 맞춰 앞으로도 이런 증가세는 더욱 두드러질 것이다. 우리는 지금 살아가는 공간을 아름답게 설계하는 데 큰 노력을 기울인다. 하지만 생의 마지막을 보낼지도 모르는 곳은 왜 세상과 단절된 병동 같은 곳으로 남겨 둘까? 요양원이란 대체 어떤 공간이어야 할까? 네덜란드 호그벡Hogeweyk 마을의 사례는 노년 세대의 주거 공간에 관해 여러 시사점을 준다.

    호그벡 마을은 인지저하증과 함께 살아가는 노인을 위해 조성된 곳으로, 네덜란드 수도 암스테르담 남동쪽의 웨스프Weesp 지역에 있다. 총 27채의 주택 한 채당 예닐곱 명이 거주하며 총 188명이 생활하고 있다. 주민들은 직접 식사 준비 과정에 참여해 밥을 짓기도 하고, 장을 보거나 공연장을 이용한다. 간병인이나 가족들이 주로 요리와 집안 관리를 담당하지만, 주민들도 원할 때마다 집안일을 함께할 수 있다.

    MSV 소셜임팩트 시리즈 05 《시니어》 인터뷰로 호그벡 마을의 공동 창업자 일로이 반 할Eloy van Hal을 인터뷰한 적이 있다. 그는 "선택한 적이 없는 메뉴가 눈앞에 나타나면 치매가 있는 분들은 당황할 수도 있다"라고 말한다. 식사 준비에 참여하며 내가 할 일을 선택하는 이 평범한 일상은 반백 년을 훌쩍 넘게 살아온 분들에게 당연하고 자연스러운 과정이다. 이런 익숙함을 반영할 수 있도록 주민들의 생활은 상당 부분 자율적이다. 거실의 식탁에 둘러앉아 다 같이 식사하는 모습은 온전한 공동체의 풍경이다. 호그벡 마을에 방문해 환경을 둘러본 한 의료 서비스 관계자는 "누가 환자인지, 가족인지, 직원인지 모르겠네요"라는 평을 남겼다. 이처럼 입주민들은 살아온 방식 그대로 평범하고 자연스러운 일상을 보낸다.

     이곳은 치매 어르신들이 병원처럼 제한된 환경에서 생활하는 전통적인 요양원과 다르다. 주민들이 일정 부분 스스로 삶을 꾸려 나간다는 감각을 유지할 수 있도록 익숙한 환경의 주거 지역처럼 느낄 수 있게 설계했다. 이들은 슈퍼마켓에서 쇼핑하고 카페나 극장에 가는 등의 평범한 일상을 누린다. 물론 이 마을에서 사용하는 돈은 진짜 돈은 아니고, 종이로 만든 화폐 모형이다. 레스토랑이나 극장은 개방돼 있어서 외부인도 치매를 겪는 분들과 자연스럽게 어울릴 수 있다. 이런 생활 방식을 통해 사회와 연결감을 유지하면서 고립을 방지할 수 있다.

     평범한 일상은 평소 해 오던 일과도 연관된다. 요양원 간호사로 10여 년을 일한 지인으로부터 이런

이야기를 들었다. 요양원 규정상 입소한 어르신들께 일을
시킬 수 없지만, 어느 날 한 할머니가 심심해하셔서
멸치를 다듬고 몇 가지 채소를 손질하는 일을 부탁드린
적이 있었다고 한다. 그런데 치매가 있는 분이라고 생각할
수 없을 정도로 집중하면서 즐겁게 시간을 보내시는
모습에 놀랐다고 했다. 나이가 적든 많든, 신체적·정신적
조건이 어떻든 '내가 꾸리는 일상'에는 큰 의미가 있다.
스스로 무언가를 한다는 것은 곧 '살아 있다'는 증거다.
살아온 방식 그대로 나답게 살아가는 일상의 리듬은
자존감을 높이고 삶의 의미를 확인할 수 있게 한다.

익숙한 것에 해답이 있다

'가장 평범한 디자인'을 목표로 하는 디자이너가 있을까?
디자이너라면 대개 특별한 디자인을 창조하고 싶어 할
것이다. 하지만 호그벡 마을에서는 평범한 디자인을
지향한다.
　　주민들은 네 가지 주택 모델 가운데서 선택할 수
있다. 전통적인 네덜란드 스타일, 코스모폴리탄 스타일,
네덜란드 가정집 스타일, 현대적인 스타일 등이다.
각 스타일에 따라 인테리어와 가구, 카펫, 심지어 주방에
비치된 접시의 모양까지 다르다. 국내 대부분의 요양
시설이 큰 건물 내부를 여러 호실로 나누는 구조라면,

호그벡 마을은 소규모 단위로 주거하며 현관문을 열면 곧바로 공용 야외 공간으로 나갈 수 있다. 주민 대부분은 바깥에서 많은 시간을 보내고, 내부는 개인 공간과 공용 공간으로 나뉘어 있다. 방문객이 개인 공간을 함부로 들여다볼 수 없도록 한 설계는 네덜란드 사람들의 문화를 반영한 것이다.

때로는 익숙함에서 오는 편안함이 좋다. 여행을 떠났다가 집으로 돌아와 침대에 누울 때의 감정처럼 말이다. 나이가 들수록 오랜 기간 사용해 온 방식, 익숙한 스타일이 심리적 편안함을 준다. 물건이나 공간뿐 아니라 인간관계 역시 오랫동안 만나 온 사람들이 편하다.

요양 시설에 '입소'하는 것이 얼마나 평범하지 않은 사건인지 생각해 봐야 한다. 일로이 반 할은 갑자기 낯선 환경에 노출됐을 때의 부정적 영향을 지적하며 이렇게 말했다. "누군가는 네덜란드 전통 민속음악을 좋아하는데, 하루 종일 클래식 음악이 나온다면 신경이 예민해질 수 있죠. 그런데 언어 능력이 저하돼 음악을 바꿔 달라고 정확히 요청하지 못한다면 좌절감을 느끼고 공격적인 태도까지 보일 수 있어요"

식사를 위해 채소를 손질하고, 밥 짓는 냄새를 맡고, 따뜻한 햇살 아래 앉아 있는 평범함을 유지하는 것. 이것이 생의 마지막을 보내는 어르신들에게 가장 필요한 처방일지도 모른다. 인지저하증이 있는 노인은 침실에

주민들이 선택할 수 있는 여러 유형의 주택. 디테일에 상당히 공을 들인 모습이다.

누구든지 다양한 활동을 해 볼 수 있다.

가만히 누워 치료받아야 할 존재라는 편견이 있지만, 누구라도 자신이 살아온 환경에서 인간으로서의 존엄성을 지킬 권리가 있다.

'익숙한 집이나 지역사회에서 살아가며 나이 들기'라는 에이징 인 플레이스Aging in place 개념도 이와 맞닿아 있다. 얼핏 들으면 집과 지역사회라는 물리적 영역에 한정된 것처럼 보이지만, 실제로는 그 공간에서 맺는 인간관계와 사회적 상호작용까지 포함하는 개념이다.

2022년에 발표된 연구 논문 〈시간에 따른 에이징 인 플레이스: 집의 형성과 해체〉에 따르면 에이징 인 플레이스에서 말하는 공간은 주변과 상호적인 맥락에서 결정된다고 한다.[1] 연구자인 루스 베버Ruth Weber, 바네사 메이Vanessa May 그리고 카밀라 루이스Camila Lewis는 맨체스터에 거주하는 네 명의 은퇴자를 선정해 시간 간격을 두고 인터뷰하는 종단 연구를 진행했다. 이를 통해 집이라는 개념이 어떻게 정립되는지를 밝혔는데, 이웃과 폭넓은 사회적 관계가 뒷받침되는 경우 집은 긍정적인 애착을 가져오는 공간이었다. 하지만 주변과 단절되면 고립감을 강화하는 장소가 돼 버리기도 했다.

　　연구 참여자인 진Jean과 바이올렛Violet은 은퇴 이후 건강 악화로 이동성이 감소하고 배우자와 사별하는 등 아픔을 겪었음에도 이웃 또는 교회 공동체와 끈끈한 유대 관계를 유지했다. 덕분에 집이라는 공간에서 긍정적인 애착을 느낄 수 있었다. 그러나 산드라Sandra와 존John의 경우 이웃과의 접촉이나 가족의 방문이 점차 줄어들어 사회적 유대 관계가 축소됐고, 집은 고립의 장소가 됐다. 집과 더 넓은 이웃 사이의 연결감, 사회적 상호작용에 많은 주의를 기울여야 한다는 것을 확인할 수 있다.

　　공간은 사람의 감정, 심리, 관계 형성에 영향을 미친다는 점에서 디자인의 역할에 주목할 필요가 있다. 미국 건축 역사에 한 획을 그은 루이스 설리번Louis Sullivan은 1896년 자신의 에세이에서 '형태는 기능을 따른다Form Follows Function'라는 디자인 철학을 제시했다. 어떤 물건이나 건축물의 디자인은 그 목적이나 기능을 최우선으로 고려해야 하며 사용 방식이 형상form을

사회적인 연결감을 강화하는 공간

결정짓는 주요 요소가 된다는 것이다. 여기에 빗대 이렇게
말하고 싶다. '형태는 심리를 따른다 Form follows Psychology.'
정형적인 병동과 같은 낯선 환경은 불안을 키우지만,
익숙한 집, 내가 고른 음식, 내가 쓰던 가구와 같은 환경은
심리적 안정감을 준다. 호그벡 마을처럼 어르신들이
그동안 살아온 '평범한 일상'을 설계에 반영한 사례는
이를 잘 보여 준다. 익숙한 공간에서 누군가와 함께 식사를
준비하고, 슈퍼마켓에 오가고, 햇살을 느끼며 보내는
시간은 치매가 있는 어르신들에게 '내가 여전히 나답게

살고 있다'는 증거가 된다.

공간은 사용자의 감정과 심리, 관계의 질을 반영해야 한다. 누군가와 연결돼 있다는 감각을 전하고자 한다면 지역 주민들 사이에 자주 마주침이 발생할 수 있도록 공용 공간을 설계해야 한다.

요양 시설도 마찬가지다. 함께 거주하는 사람들과 식사하고 대화하며 관계를 형성할 수 있는 공간. 방 안에 고립되는 것이 아니라, 연결을 중심으로 한 생활 환경에서 지역 주민과 치매 노인이 자연스럽게 접점을 만들어 가는 곳. 일상의 감각을 유지할 수 있도록 설계된 그런 공간이 우리에게 필요하다.

2 셀보 프로젝트에서 배우는 포용적 커뮤니티 디자인

난민 청년과 노인의 공통점 찾기

2015년 10월 난민 청소년 459명이 부모 없이 스웨덴 헬싱보리Helsingborg에 도착했다. 시리아 내전 피해자를 비롯해 중동 지역에서 유럽으로 수백만 명의 난민이 이주했던 '유럽 난민 사태'의 일환이었다. 스웨덴 정부에서는 난민들이 얼마나 도착할지 예측하기 어려웠다. 당시 헬싱보리에는 미성년자 보호소가 네 군데 있었는데, 난민 청소년들을 모두 수용하기에는 턱없이 부족했다. 어떻게 이들을 받아들일 것인가?

    셀보SällBo 프로젝트는 이런 상황에서 시작됐다. 셀보는 '함께' 또는 '동반'을 의미하는 스웨덴어 'sällskap'과 '거주'를 의미하는 'bo'를 결합한 말이다. 셀보 프로젝트는 서로 다른 세대와 배경의 사람들이 함께 거주하면서 사회적 고립감을 해소할 수 있는 통합적인 환경을 구축한다는 목표를 내세웠다. 공공주택 업체인 헬싱보리솀Helsingborgshem은 당시 70세 이상 노년층이 거주하는 전용 아파트를 리모델링하려고 계획 중이었는데, 난민 사태 대응을 위해 리모델링을 중단하고 1~4층까지의 방을 난민 청소년들에게 제공했다.

원래 거주하던 노인들은 어땠을까? 언어나 문화가 다른 난민 청소년들에게 여러 맥락에서 동질감을 느끼기 어려웠을 것이다. 청소년들이 밤이면 베란다 같은 아파트 내부 공간에서 담배를 피워 화재 소동으로 상당수 노인이 대피하는 일도 있었다. 2015년 당시 스웨덴은 각국의 이민자 통합 정책을 평가하는 MIPEX Migrant Intergration Policy Index에서 세계 1위를 기록할 정도로 다문화에 우호적이었다. 그런 스웨덴의 언론조차 난민 청소년들의 보호소에서 일어난 갈등이나 문제 행동을 주로 보도할 정도로 불안감이 고조됐다.

노인과 난민 청소년. 과연 이 두 그룹이 잘 공존할 수 있었을까? 막막한 상황에서 해결책을 발견한 사람이 셀보의 프로젝트 매니저 드라가나 쿠로빅Dragana Curovic이다. 2023년 드라가나와 인터뷰하면서 셀보 프로젝트에 대해 상세하게 들을 수 있었다. 그는 난민 청소년과 노년층의 심리적인 공통점에 주목했다고 밝혔다.

여가를 함께 보내는 청년과 노인

깨달음의 시작은 대화였다. 드라가나는 대화 도중 대부분의 노인이 외로움을 느끼고 있음을 알게 됐다. 가족이 방문하는 시간을 제외하면 노인들이 누군가와 대화할 기회는 거의 없었다. 청소년처럼 세대가 차이 나는 사람들과 접촉할 일은 더욱 없었다.

한편 난민 청소년들은 부모가 없는 외로움에 더해 생활 전반에 도움이 필요했다. 생활비 관리나 세탁 방법 같은 기본적인 살림부터 배워야 했다. 또 스웨덴에 정착하려면 문화에 대한 이해도 필요했다. 셀보 프로젝트팀은 이 지점에서 서로의 결핍과 필요를 보완해 보기로 했다. 난민 청소년들은 외로움을 느끼는 노인들에게 말벗이 되고, 노인들은 가르치고 보살피는 역할을 담당할 수 있었다.

이렇게 형성된 관계의 축에 또 하나의 그룹이 더해졌다. 바로 스웨덴에서 태어나고 자란 18~25세 청년들이었다. 프로젝트팀은 이 청년들이 노인과 난민 청소년 사이에서 문화적·세대적 교두보 역할을 할 수 있을 것이라 기대했다. 이들은 노인들과는 세대 차이가 있지만 스웨덴 문화에 뿌리를 둔 조언과 삶의 경험을 이해하고 받아들일 수 있었고, 동시에 젊은 세대로서 청소년들이 겪는 사회적 고립과 불안에 공감할 수 있었다. 사실 스웨덴 청년들에게도 외로움과 고립감은 먼 문제가 아니었다. SNS에서는 멋지고 좋은 모습을 보여 주려고 하지만, 실제로 마음을 털어놓고 이야기할 수 있는 가까운 친구나 가족이 없는 청년이 많았다.

공통된 외로움의 경험은 세 그룹의 연결 가능성을 확장시켰고, 결과적으로 노인, 난민 청소년, 청년의 세 그룹이 아파트에 모여 살게 됐다. 세 그룹과 수차례 회의를 거치고 아이디어를 확인하며 공동 거주가 진행됐다. 살아온 배경도 세대도 다른 이들이 더불어 사는, 조금은 특별한 공동체가 형성됐다.

셀보는 2019년부터 2022년까지 약 3년간 파일럿 프로젝트로 운영됐다. 결과적으로 헬싱보리셈은 셀보의 실험을 해결책으로 삼고, 공동 주거 방식을 유지하기로 결정했다. 거주자 설문 조사 결과도 매우 긍정적이었다.

전체 세입자의 82%가 참여한 설문 조사에서 87%는 셀보의 콘셉트가 '매우 좋았다'고 응답했고, 나머지 13%는 '좋았다'고 답했다. 결과적으로 설문 참여자 100%가 만족한 셈이다. 한 거주자는 진정한 가족이 생겼다고 말했다.

서로의 공통점 연결하기

셀보에서 주목할 것은 바로 연결이다. 이 실험적 코하우징 공동체는 전혀 유사점이 없을 것 같았던 세 그룹이 이어지며 탄생했다. 독거노인, 보호자 없이 낯선 이국 땅에 온 청소년, 19세가 되면 집을 떠나는 게 보통인 청년 이 세 그룹이 느끼고 있던 고립감과 외로움에서 벗어나고자 하는 정서적 욕구에 주목했다.

그렇다면 어떻게 공간을 구성했을까? 실질적인 접점을 만들기 위해 공동 사용 공간을 곳곳에 마련했다. 아파트 1층에는 공동 거실과 다 같이 식사할 수 있는 공간을, 층마다 세 군데의 공동 공간을 뒀다. 요가나 헬스를 할 수 있는 운동 구역, 퍼즐 게임을 할 수 있는 방, 공예 활동을 할 수 있는 스튜디오, 도서관 등 여러 가지 취미 생활을 하며 마주칠 수 있는 시설도 준비했다.

이 중 가장 흥미로운 것은 거주자 간 교제 의무 조항이다. 주당 최소 두 시간씩 다양한 활동을 통해 다른 거주자와 교류해야 한다. 성격이나 사회적 배경, 가치관 등이 다르다 보니 어울림을 망설이는 사람도 있기 때문에, 이 규칙을 약간의 핑계로 삼아 서로에게 다가갈 수 있는 셈이다. 물론 이걸 따르지 않는다고 해서 강제로 퇴소당하는 일은 없지만 대부분은 지키려고 했다. 규약이 약간의 수줍음이 있는 사람들에게도 적극성을 부여했기 때문이다.

"남편이 1년 반 전에 세상을 떠난 후 너무 외로웠어요······ 침묵이 너무 무겁게 느껴졌고, 며칠 동안 아무와도 말하지 않는 날도 있었어요."

- 셀보 거주자 A 씨

청년들이 학교나 직장에 있는 동안 노인들은 요리, 산책, 쇼핑 등 다양한 활동을 하며 낮 시간을 보낸다. 그러다가 저녁이 되면 노인들이 하나둘 로비로 모인다. 아파트에 오면 누구나 로비를 거쳐야 하는 것을 알고 있기 때문이다. 로비로 들어서는 청년들에게 어떤 하루를 보냈는지 말을 건넨다. 그렇게 대화의 꽃을 피우면서 서로의 삶에 스며든다.

셀보에 의대생이 한 명 있었다. 그는 저녁이면 공부를 하러 조용히 도서관으로 향하곤 했다. 그리고 그 시간에 산책을 즐기던 할머니가 있었다. 어느 날 할머니는

함께 요리하는 셀보 주민들

도서관 창 너머로 혼자 불을 밝히고 있는 그 학생을 우연히 보았다. 그날부터 할머니는 산책할 때마다 도서관에 들러 그에게 인사를 건넸다. 혼자였던 그 긴 밤, 할머니의 인사는 그에게 마치 누군가 자신을 기억하고 있다는 신호처럼 다가왔다. 그는 시험을 무사히 치르고 난 후 케이크를 사 들고 할머니의 방을 찾았다. 감사 인사를 전하기 위해서였다. 그리고 할머니에게 이렇게 말했다. "덕분에 혼자라는 생각이 들지 않았어요."

사소한 일이었다. 하지만 그 작은 인사가, 누군가가 자신을 알아주고 기억하고 있다는 짧은 순간의 교감이 그에게는 큰 힘이 됐다. 셀보 프로젝트의 우선적 목표는 배우자와의 사별, 이혼 등 여러 이유로 홀로 지내는 노인들의 삶의 질을 개선하는 것이었다. 그러나 공동체가 확장되며 청년들에게도 긍정적인 영향을 줄 수 있었다.

유럽연합의 공식 통계를 담당하는 기관인 유로스타트Eurostat의 2021년 통계에 따르면 스웨덴 청년들은 평균 18~19세에 독립을 시작한다. 그러다 보니 스웨덴에서는 외로움과 관련한 논의가 지속적으로 이뤄지고 있다. 스웨덴의 지역 개발 컨설팅 회사 WSP가 2019년 실시한 조사에 따르면 18~34세 스웨덴인 열 명 중 약 여덟 명이 외로움을 자주 또는 가끔 느낀다고 답했다. 이는 스웨덴 전체 평균 연령의 열 명 중 약 여섯 명보다 높은 수치였다.

외로움, 고립, 단절은 한국 사회에서도 피할 수 없는 주제다. 통계청에서 발표한 2023년 사회적 고립도 수치에 따르면 '아플 때 집안일을 부탁하거나 이야기할 상대가 없는' 사람의 비율은 전체 인구의 33%다. 특히 60세 이상에서는 40.7%로 높게 나타나 세대 간 격차도 크다. 국가적 차이도 상당하다. OECD의 '더 나은 삶 지수Better Life Index'는 GDP와 같은 경제 지표로만 삶을 평가할 수 없다는 취지로 소득, 일자리의 질, 사회적 관계, 시민 참여 등 11가지 주제로 삶의 질을 살펴보는 지수다. 2010년부터 2020년까지 집계된 조사에서 OECD 가입국 평균 약 91%가 어려울 때 의지할 수 있는 사람이 있다고 답했으나, 한국은 약 80%에 그쳐 전체 41개국 중 38위를 기록했다.

  단절된 거주 공간, 극도의 경쟁 사회, 갈등과 불신으로 세대 간 연결 고리를 찾기 어려운 시대다. 만약 국내의 어느 지자체에서 1인 가구가 증가하니 청년과 노인이 모여서 살게 해 보자고 제안했다면 어땠을까? 대부분 관심을 갖지 않거나 과연 가능하겠느냐는 반응을 보였을 것이다. 관심사와 생애주기에 따른 공통점이 존재하는 세대, 예를 들어 공동육아가 필요한 세대나 은퇴한 시니어끼리는 함께하는 사례가 있지만 셀보 프로젝트처럼 세대를 뛰어넘어 기획된 공동체는 우리 사회에서 찾아보기 어렵다.

  셀보라는 공동체에서 완벽한 해법을 찾을 수는 없겠지만, 시사점은 분명히 있다. 셀보 프로젝트는 1인 가구라는 어떤 객체적 특성에 주목하기보다는 심리적 연결감에 초점을 맞췄다. 강한 결속보다는 공용 공간에서 자연스럽게 대화하고 시간을 보내는 것처럼 느슨하지만 지속 가능한 관계를 형성하는 방식이었다.

  호그벡 마을과 셀보의 사례를 보며, 공동체성의 회복에 대해 생각하게 된다. 사람은 결국 관계 속에서 살아간다. 얼마나 자주 타인과 접촉하고, 그 관계의 질이 어떤지에 따라 삶의 만족도가 달라진다. 인지저하증이 있는 어르신이건, 직장에 출근하는 도시 생활자건 말이다.

내가 인터뷰했던 70대 중반의 어르신은 강남구에 새로 지은 30평짜리 아파트를 분양받았지만, 한 달 거주하다가 원래 살던 30년 된 17평 아파트로 돌아오셨다. 새 아파트는 "꼭 무덤 같았다"고 표현하셨다. 가깝게 지내던 사람들에 대한 그리움 때문이었다. 어쩌면 우리 사회에 진짜 필요한 것은 누군가와 마주 앉아 인사를 건넬 수 있는 그 작고 사소한 공간, 연결의 끈일지도 모른다.

3   모두를 위한 놀이 공간

놀이의 평등을 실현하는 장소 만들기

"시선의 칼날이 언제나 마음에 상처를 주죠. 장애가 있는 아이를 키우기 전에는 저 역시 의식하지 못했던 부분이라 이해는 갑니다만, 익숙하지 않거나 낯선 상황에 대한 단순한 호기심의 눈빛이 장애아동을 양육하는 부모들에게는 너무도 쓰라리고 날카로운 칼날로 다가와요. 그냥 편안하게 대해 주셨으면 좋겠어요. 그게 어렵다면 차라리 무관심도 좋아요."

-MSV 소셜임팩트 시리즈 03 《놀이》 중

간혹 발달장애아동이 무언가 어려움에 부딪혀 감정 조절이 안 될 때 갑작스럽게 울음을 터뜨리거나 소리를 지르는 경우가 있다. 이때 마음을 추스르고 어려웠던 일에 다시 도전해 보며 적응하는 경험이 중요하다. 그런데 아이가 소리를 지르면 일단 부모들은 주변 사람들의 시선이 따가워 서둘러 자리를 뜬다. 장애아동의 부모가 가장 힘들어하는 점은 다른 부모들이 불쌍하게 여기는 시선이나 아이를 피하려는 행동이다. 물리적 장벽보다도 심리적 장벽이 놀이터를 자유롭게 이용하는 데 큰 방해 요소인 것이다.

　　지금의 놀이터는 놀이의 평등을 실현하는 장소일까? 무엇보다 심리적으로 편안하게 놀 수 있는 곳일까? 아무리 좋은 시설이라도 마음이 불편하면 가고 싶지 않다. 반대로 마음 편히 이용할 수 있는 시설은 조금 낙후됐더라도 찾게 된다. 그렇다면 어떤 공간을 만들어야 할까?

　　나는 2021년에 인터뷰했던 몇몇 전문가들에게서 힌트를 찾을 수 있었다. 바로 '놀이의 주도권을 어린이에게 주는 것'이었다. "놀이는 끝이 있는 것이 아니라 스스로 끝맺는 것이다." 1960년대 뉴욕 센트럴파크의 모험 놀이터 건축가 리차드 다트너Richard Dattner는 놀이에 내재된 경험의 주도성에 대해 이렇게 말했다. 높이 뛰고, 기어오르고, 숨고, 때론 흙을 파는 등 놀이는 예측할 수 없이 일어난다. 어린이들이 스스로 창조하는 것이 놀이이기 때문이다.

　　이러한 주도권과 자율성은 장애아동에게도 동등하게 주어져야 한다. 1989년 채택된 유엔아동권리협약Convention on the Rights of the Child, CRC

제2조는 장애에 대한 차별 없이 아동의 권리를 보장해야 한다고 명시하고 있다. 놀이터는 어린이들이 놀이의 평등을 실현하는 장소여야 한다. 신체적·정신적 특성에 따라 노는 방식에 약간의 다름이 있을지언정 놀이를 통해 누구나 기쁨을 얻을 수 있어야 한다.

  우리 팀은 대한무역투자진흥공사와 서울시 사회적경제지원센터의 지원을 받아 장애아동과 비장애아동이 함께 어우러져 놀 수 있는 전시 〈Play for All〉을 준비했다. 놀이 공간에 대한 인식을 전환하고 포용적인 놀이 공간의 필요성과 즐거움을 알리자는 취지였다. 전시 콘텐츠와 더불어 '모두를 위한 놀이 공간'을 실험적으로 선보일 수 있는 체험형 공간도 마련했다.

  발달장애아동에 대해 잘 알지 못했던 나는 처음엔 막막했다. 그래서 우선 장애아동들이 노는 방법에 대해 알아봤다. 그 배경에는 '장애아동들의 놀이 방식은 다를 것 같은데, 특별한 놀이터가 필요하지 않을까?'라는 생각이 깔려 있었다. 대단히 안전하거나, 뭔가 다른 어떤 행동에 기반한 조형이 필요할 것이라는 막연한 추측이 마음 한편에 자리 잡고 있었다.

  그러나 막상 어린이들을 관찰하고 부모들과 이야기를 나눠 보니 나의 생각은 모두 편견이었다는 걸 깨달았다. 놀이라는 행위 자체를 놓고 볼 때 어린이들은 장애 유무를 떠나 숨고, 빠르게 이동하고, 높은 곳에

어린이들은 좁은 곳에 들어가거나 숨는 것을 좋아한다. 이런 본능적인 놀이 행동은 장애 유무와 관련이 없다.

올라가는 걸 좋아했다. 휠체어를 타거나 보행 보조기를 이용하는 어린이도 가끔 빠르게 밀어 주거나 미끄럼틀을 태워 주면 무척 좋아했다. 그래서 어린이들이 공통으로 좋아하는 요소에 초점을 맞춰 놀이 공간을 만들기로 했다.

  당시 지원 예산은 1,500만 원 정도였는데, 이 예산으로 놀이 공간을 만든다는 것은 큰 도전이었다. 그래서 저예산으로 구조물을 구축할 방법을 연구하다가 문득 일본 건축가 반 시게루坂 茂, Ban Shigeru가 즐겨 사용하는 지관종이 파이프이 떠올랐다. 뉴질랜드에서 반 시게루가 설계한 카드보드 대성당Cardboard Cathedral을 본 적이 있는데, 당시 사용한 건축물 소재가 매우 인상

깊었다. 지관은 저렴하면서도 구조적으로 튼튼해 쌓아
올려 공간을 만들기에 적합했다. 나는 이 방식을 적용해
놀이터를 설계하기로 했다.

규칙성과 자율성의 조화

포용적인 놀이터 디자인은 어떤 요소를 갖춰야 할까?
그에 앞서 생각해야 할 것은 놀이의 주도권을 어린이에게
돌려주는 일이다. 이는 어린이가 자신만의 속도와
방식으로 환경을 탐색하고 놀이를 구성할 수 있도록 하는
것을 의미한다. 이런 주도적인 놀이 방식을 전제로
규칙성과 자율성이 조화롭게 공존하는 공간이어야 한다.
　　　　　시소, 미끄럼틀, 그네 등의 놀이 기구에는 일종의
규칙이 존재한다. 차례를 기다린 뒤 순서가 왔을 때
올라가고 내려가는 등 보통은 일정한 방향으로 이용한다.
약간의 사회적 규칙이 작동하는 셈이다. 하지만 규칙적인
것들을 참고 기다리기 어려워하는 어린이들도 있다.
장애 유무와 관계없이 그렇다. 이런 경우 기다리는 일
자체가 버거운 일이 될 수 있다.
　　　　　그래서 기구에 올라가거나 내려가는 방향이
자유롭거나, 규칙과는 관계없이 어린이들이 마음대로
방식을 만들어 갈 수 있는 요소들을 포함시켰다. 강제적인
규칙을 부여하지 않고 자율성을 존중하는 방향으로

신체적 차이를 고려해 바닥에서 놀 수 있는 작은 공간도 마련했다.

공간을 설계하면, 어린이들은 더 주체적으로 놀이에 참여할 수 있다. 전시에서는 어느 방향에서든 이용할 수 있는 놀이 기구에 더해 규칙 없이 자유롭게 놀 수 있는 촉감 놀이 구역을 마련했다.

특히 공간을 방문하는 어린이들의 차이를 고려하는 것이 중요하다. 어린이들의 신체적·정신적 발달 수준은 각기 다르기 때문이다. 우리가 만난 한 8세 어린이는 뇌병변장애로 걷거나 뛰는 것이 익숙지 않았다. 이렇게 이동에 제약이 있는 어린이들도 놀이터에 올 수 있다. 우리는 기어다니면서 놀이에 참여할 수 있는 낮은 구조물과 바닥 중심의 놀이 요소를 고민했다. 지름 약 50cm 지관을 높게는 다섯 개 층까지 쌓았으나, 한두 개

정도의 낮은 층으로 조성한 구역도 마련했다. 일부 구역에는 큰 원형 매트를 깔아 바닥에서 촉감 놀이를 즐길 수 있도록 설계했다. 높은 곳에 올라가기 어려운 어린이들도 바닥에서 편안하게 놀 수 있도록 공간의 높이와 활용 방식을 다양화한 것이다.

포용적 놀이터에서 규칙은 모든 어린이가 이해할 수 있도록 제공돼야 한다. 내가 만난 발달장애아동들은 문장보다 도형, 색깔과 같은 시각적인 정보를 더 쉽게 받아들이기도 했다. 그래서 일정한 방향을 따라 이용하는 기구에는 커다란 화살표를, 기다려야 하는 곳에는 어린이가 들어갈 수 있는 동그라미를, 길을 따라가야 하는 곳에는 점선을 바닥에 표시하는 등 그래픽을 활용하는 것도 방법이다. 실제로 한 자폐성장애아동의 부모가 코로나 시기에 놀이터에 그려진 거리 두기 원 덕분에 아이가 훨씬 참을성 있게 잘 기다렸다는 의견을 줬다.

마지막으로, 중요한 것은 '시선으로부터 자유'다. 나 역시 장애아동의 부모님들을 인터뷰하기 전까지 장애아동을 고려한 놀이터는 특별해야 한다고 생각했다. '휠체어를 이용하는 아동만을 위한', '시각장애아동만을 위한' 기구처럼 특수하게 따로 마련된 공간이 필요하다고 여겼다. 그러나 장애 유무는 어린이들의 놀이에 대한 본능에 영향을 주지 못한다.

내가 만난 어린이들은 누구나 숨고 싶고, 기어들고,

어린이들의 놀이 스펙트럼은 정말 다양하다. 어떤 방향과 행동을 특별히 지시하지 않더라도 스스로 놀이를 창조해 낸다.

올라가고, 빨리 움직이고 싶은 호기심을 가지고 있었다. 〈Play for All〉 전시에서는 동일한 크기의 지관을 다채롭게 쌓아 어린이들이 어디에서 놀든 눈에 띄지 않고 자연스럽게 어울릴 수 있었다. 누군가를 위한 특별한 구조가 아닌, 모두에게 열린 구조를 만들고자 한 것이다. 발달장애아동과 비장애아동의 상호작용에 차이가 조금 있을 뿐 어린이들은 같은 공간에서 함께 즐겁게 놀았다.

  전시 이후 장애아동의 부모님들은 "누가 장애인이고 비장애인지 구분이 가지 않아 마음이 한결 편안했어요"라는 의견을 줬다. 이들이 공통적으로 하는 말이 있다. '특별한 대우'가 아니라 '평범한 대우'를 원한다는 것이다. 특별함은 때때로 장애를 더 부각시키고 타인의 시선을 의식하게 하지만, 평범함은 모든 아이가 그저 '한 명의 어린이'로 자연스럽게 어울릴 수 있는 상태를 만든다. 그때 장애는 인간 다양성 중 하나의 모습으로 받아들여진다. 부모들이 진심으로 바라는 것은 아이가 단지 한 명의 어린이로서 존중받는 것이다. 어린이라는 존재의 공통점과 놀이 본능을 인정하는 환경에서 비로소 그런 존중이 가능하다.

4 고령 사용자의 멘털 모델과
     디자인 접근 방식의 전환

시니어 세대에 대한 오해

최근 들어 내가 가장 많이 진행하는 프로젝트는 시니어 세대를 고려한 디자인에 관한 것이다. 대부분의 의뢰자는 나이가 들면 신체적, 인지적으로 여러 능력이 감퇴하기 때문에 고령층은 큰 화면이나 큰 글자, 복잡하지 않고 단순한 인터페이스를 선호할 것이라고 가정한다. 틀린 말은 아니다. 대중교통을 이용하면 고령의 어르신들이 핸드폰 문자 메시지를 큰 글씨로 확인하시는 모습을 종종 볼 수 있다. 내가 고령 사용자를 대상으로 조사할 때도 글자 크기가 작아서 불편하다는 이야기를 많이 들었다.

그런데 예외도 있다. 패션모델로 활동하며 앱으로 직접 영상도 편집하는 60대 후반의 인터뷰이는 이렇게 말씀하셨다. "나는 핸드폰 메시지 글자 절대로 크게 안 해. 그건 나이 든 사람들이나 하는 거잖아" 비슷한 연배의 또 다른 인터뷰이를 만났을 때도 인상적이었다. 그분은 DSLR 카메라를 전문가급으로 조작하셨다. "내가 원하는 건 심플한 인터페이스지, 쉬운 기능이 아니야"라며 기기 연동과 편집 툴 이용 방법을 시연하셨다.

      이와 전혀 다른 경우도 있다. "여자애가 공부는 무슨"이라는 불합리한 편견으로 어릴 적 배움의 기회를 얻지 못해 읽기, 쓰기에 어려움을 겪는 어르신을 만나기도 한다. 콜센터 이용 같은 전화 소통에는 익숙하지만, 앱이나 키오스크 사용에는 손사래를 치셨다. 몇 번 테스트를 요청했을 때 글자를 못 읽는다고 직접 말씀하시지는 않았지만, "난 못 해" 하며 부끄러워하시던 모습이 생생하다. 최근 내가 프로젝트차 방문했던 벽오지의 스무 분 중 예닐곱 분은 글자를 읽지 못하셨다. 이런 경우의 수를 생각할 때 시니어를 위한 디자인에 과연 일관성을 적용할 수 있을지 의문이 들기도 한다.

      그런데 여기서 짚고 넘어가야 할 것이 있다. 시니어 세대를 위한 디자인에서 중요한 것은 나이가 아니라 '경험의 차이'다. 익숙함의 차이가 지적 능력의 차이를 의미하지는 않는다. 생각해 보자. 지금의 70대는 전쟁 이후 태어난 세대로, 스마트폰을 본격적으로 사용한 지 채 10년도 되지 않은 사람이 많다. 반면, 30년 뒤 70대가 될 세대는 이미 수십 년간 디지털 기기와 앱을

일상에서 사용해 온 사람들이다. 디자이너와 개발자가
시니어 세대를 위해 '더 쉽게, 더 간단하게'에만 초점을
맞춘다면, 과연 그런 접근이 미래의 시니어 세대에게도
유효할까? 현재 70대 이상에게 알맞다고 해도,
1970년대생인 X세대나 1980년대생인 M세대에 같은
기준을 적용할 수는 없을 것이다.

   우리 팀은 시니어 세대의 디지털 접근성을
연구하며 컴퓨터 공학자이자 HCI^{Human Computer Interaction}◉
분야의 저명한 학자인 제프 존슨^{Jeff Johnson}을 인터뷰했다.
그 역시 은퇴한 교수로 60대였다. 그는 시니어를 위한
디자인에 대한 결정적인 오해를 분명하게 지적했다.
고령 사용자가 디지털 기기 사용에 익숙하지 않은 것이
시력, 청력, 운동 능력 등 신체적인 기능 저하에 따른
것으로만 볼 수 없다는 것이다. 그렇다면 신체적 기능
저하 외에 어떤 요인이 있는 걸까?

   그는 멘털 모델^{mental model}에 대해 생각해야 한다고
강조했다. 멘털 모델은 마음속에 그려진 생각의 틀이다.
우리가 어떤 상황을 이해하거나 판단할 때 머릿속에서
거의 저절로 작동하는 생각의 방식이다. 저마다
살아오면서 배운 지식과 다양한 경험이 오랜 시간 쌓이며

◉ HCI는 사람이 컴퓨터를 쉽고 편리하게 쓰도록 사람과 컴퓨터
  사이의 상호작용 방식을 연구하고 설계하는 분야다.

멘털 모델이 형성된다. '생각의 프레임'이라고도 볼 수 있다. 오랜 기간 형성된 프레임일수록 잘 바뀌지 않는다. 인류는 평평하다고 생각했던 지구가 둥글다는 것을 15세기가 돼서야 알게 되지 않았는가?

고령 사용자의 삶의 경험은 현재 제품을 사용하는 방식에도 영향을 미친다. 다이얼을 돌려 전화를 걸던 시절의 기억조차 말이다. 따라서 시니어 세대를 위해 디자인할 때는 그들이 살아온 삶의 맥락과 경험을 이해하는 것이 중요하다. 앞서 언급한 것처럼 디지털 인터페이스에서 큰 글씨, 단순한 화면, 높은 대비의 텍스트 등을 제공하는 것은 도움이 되지만, 그것만으로는 최적의 사용자 경험을 끌어내는 데 한계가 있다.

가장 효과적인 방법은 그들의 과거 경험을 반영한 인터페이스를 설계하는 것이다. 시니어 세대가 디지털 기기를 사용하면서 겪는 혼란이 과거의 어떤 방식과 충돌하는지, 그리고 그 과거의 감각과 현재의 기술 사이에 어떤 접점을 만들 수 있는지를 고민해야 한다.

왜 버튼이 보이지 않을까?

집 앞까지 식재료가 배송되는 서비스를 자주 이용하시는 칠순의 지인과 대화를 나눈 적이 있다. 그분은 평소 작업실에서 일을 하다 보면 장을 보러 나가는 것이

번거로웠던 터라 배송 서비스에 만족해하셨다. 어느 날 주문한 식재료를 확인하고자 앱 화면을 켜서 여기저기를 봐도 도통 알 수가 없었다. 결국 고객센터에 전화를 걸어 알게 되셨다고 한다.

만약 이 상황을 듣고 "주문 내역 아이콘을 찾아서 보면 되잖아?"라고 반문한다면, 당신은 이미 디지털 인터페이스 구조에 충분히 익숙한 사람이다. 통상적으로 웹이나 모바일 앱에서는 '마이 페이지'나 '사람 모양의 아이콘'을 클릭해 주문 내역을 확인할 수 있다. 하지만 이런 구조나 아이콘의 상징이 익숙하지 않은 고령 사용자는 이러한 기능이 숨겨져 있다는 것에 종종 당황한다.

65세 이상의 세대가 지나 온 시대를 생각해 보자. 1970년대까지만 하더라도 이들이 사용하는 도구나 기계에는 탐색 기능이 없었다. 이들의 성장기에는 전화기, 라디오, TV 등의 기기들은 흔치 않았을뿐더러, 버튼이 모두 외부에 노출돼 있었다. 따라서 직접 버튼을 누르거나 노브를 돌리는 등 단순한 동작으로 조작하면 되는 물건들이었다.

현재 우리가 일상적으로 접하는 스크린 기반 인터페이스는 체계가 전혀 다르다. 많은 기능이 화면 속에 숨어 있다. 사용자들은 메뉴와 아이콘을 몇 번씩 클릭하는 단계를 거쳐야만 원하는 기능을 실행할 수 있다. 따라서 고령 사용자에게는 아이콘과 메뉴 트리 구조를 이해하기 위한 새로운 학습곡선이 필요한 셈이다.

　　　중요한 점은, 이 학습의 출발점이 디지털 네이티브 세대와는 전혀 다르다는 것이다. 고령 사용자는 기술을 익힐 때 오랜 시간 축적된 경험을 바탕으로 이해하려고 한다. 과거의 경험이 지금의 인터페이스를 이해하는 과정에서 일종의 '렌즈' 역할을 하는 것이다. 이 렌즈가 도움을 줄 수도 있지만, 때로는 혼란의 원인이 되기도 한다.

　　　패스트푸드점이나 대형마트에 갔을 때 무인 키오스크 기계와 계산원이 있는 계산대에 줄을 선 사람들을 유심히 살펴보자. 상당수 어르신은 줄이 길더라도 계산원이 있는 곳을 이용한다. 무인 키오스크 앞에 서서 도움을 요청하는 어르신도 종종 볼 수 있다. 또한 계좌 이체를 모바일로 하지 않고 직접 은행에 가는 경우도 많다. 앱이 훨씬 편리하다고 말씀을 드려도 "어떻게 쓰는지 몰라서"라거나 "계좌번호나 비밀번호를 입력하다가 돈이 빠져나갈까 봐 걱정된다"라는 대답을 듣게 된다.

　　　과거의 비디오 기기를 떠올려 보자. 어떤 '단계'가 존재하는 구조가 아니었다. 외부에 노출된 버튼을 누르면 한 번에 바로 실행되는 일종의 원스텝 구조였다. 시장에서

1970~1980년대에 만들어진 제품들의 버튼은 하나같이 외부에 노출돼 있었다.

장을 볼 때는 어떤가? 사고 싶은 물건을 집고 돈을 내어 계산만 하면 됐다. 이처럼 직관적인 사용 방식에 익숙한 어르신들은 새로운 디지털 기기나 시스템에서 요구하는 복잡한 단계를 이해하고 익히는 데 어려움을 겪을 수밖에 없다. 여러 단계를 거쳐야 하거나 숨겨진 메뉴를 찾아야 하는 경우, 그 과정 자체가 혼란스럽게 느껴지기 때문이다.

그래서 온라인 쇼핑이나 키오스크 주문은 어르신들에게 쉽지 않은 경험이 된다. 메뉴 버튼을 클릭해 장바구니에 담고, 주문을 확인한 후 결제 버튼을 누르는 등 여러 가지 과업이 단계적으로 주어지기 때문이다. 이처럼 기능 실행을 위해 서너 단계를 거치는 것은 직관적인 사용에 익숙한 고령층에게 생소할 수밖에 없는 구조다.

또한 클릭할 때마다 전환되는 페이지 화면에서 버튼의 위치와 기능을 빠르게 파악해야 하는 것도 심리적 부담으로 작용한다. 주문이나 결제 화면의 인터페이스에 익숙한 세대들은 이러한 과정에 쉽게 적응하지만, 시니어 세대에게 새로운 인터페이스는 학습에 대한 정신적 노동을 요구한다. 결국, 대형마트에서 줄이 길더라도 대다수 어르신은 무인 계산기보다 계산원이 있는 곳에 줄을 서는 것이 더 편하다고 느낀다.

익숙했던 과거의 경험과 연장선

고령 사용자에게 익숙한 실행에는 어떤 것들이 있을까? 과거에는 뭔가를 주문할 때 구두 소통이 일반적이었다. 10년 전쯤에는 짜장면이 먹고 싶으면 전화를 걸어서 주문했다. 그런데 지금은 배달 요청을 하며 말을 할 필요가 없을뿐더러 말로 소통하는 방식을 지양한다. 터치 몇 번으로 주문한다.

그러다 보니 고령 사용자들이 선호하는 기능 중 하나는 보이스 어시스턴트다. 여러 단계를 거쳐 버튼을 누를 필요 없이 목소리만으로 명령을 내릴 수 있기 때문이다. 문자 메시지를 보내거나 전화를 거는 간단한 기능뿐만 아니라, 요리할 때 알람을 설정하는 데도 유용하다. 보이스 어시스턴트로 다룰 수 있는 영역이

지금도 상당수의 어르신은 앱 주문보다 전화 주문을 선호한다.

넓어지면 넓어질수록, 또 정확도가 높아질수록 그 유용함도 더욱 커질 것이다.

구두 소통뿐 아니라 제스처에서도 시니어 세대가 익숙하게 느끼는 요소를 찾을 수 있다. 더블클릭, 버튼 길게 누르기, 드래그drag와 같은 동작은 디지털 인터페이스에서 새롭게 도입된 것들이라 생소하다. 하지만 전자책에서 책의 페이지를 넘길 때 오른쪽 모서리를 손가락으로 쓸어 넘기는 제스처는 어르신들에게 친숙하다. 과거에도 책은 존재했고 지금도 책을 넘기는 방식은 동일하니 자연스럽게 받아들일 수 있는 요소다. 이러한 인터페이스를 적용한 전자책은 이들의 경험을 반영한 좋은 사례라 할 수 있다.

피드백 역시 중요한 요소다. 내가 만나 본 70세 이상 어르신들은 화면을 터치할 때 충분한 반응이 없다고 느끼는 경우가 많았다. 그래서 손가락 끝에 힘을 줘 화면을 꾹꾹 누르는 경향이 있었다. 시니어 세대가 기존에 사용했던 기기에는 대부분 물리적인 버튼이 있었기 때문이다. 이런 제품들은 버튼을 눌렀을 때 느껴지는 감촉과 함께 명확한 터치 피드백touch feedback이 존재해 약간의 소리와 진동 등을 동반한다. 터치 경험의 총체적인 느낌이 전달되는 것이다. 하지만 오늘날 스크린의 버튼에는 대부분 시각적인 피드백만 존재한다. 고령 사용자가 앱 버튼에서 낯섦을 느끼는 이유다.

따라서 디자이너나 개발자는 고령 사용자가 편안하게 사용할 수 있는 UI User Interface 요소들을 고려해야 한다. 입력 제스처는 최대한 간단하게 설정해 한 번의 클릭으로 실행되도록 하되, 클릭 동작을 계속 유지해야 하는 드래그 등은 가급적 피한다. 손가락을 정교하게 사용해야 하는 핀치 동작pinch gesture이 때로는 고령 사용자에게 어려움을 주기 때문에 +, - 등의 버튼 사용도 고려해야 한다. 항목이 올바르게 선택됐다는 피드백은 즉시, 명확하게 전달하되 시각에만 의존하지 않고, 소리와 진동 같은 다른 감각도 활용할 수 있도록 제공한다.

또한 사용자가 입력한 정보는 언제든지 수정할 수

1990년대까지만 하더라도 물리적인 버튼이 있는 전화기를 썼고, 그 이전에는 다이얼을 돌렸다. 당시에는 물리적인 피드백이 명확했지만 현재는 평면상의 스크린을 터치해야 한다.

있게 하는 것이 좋다. 어렸을 적 아버지께서 자주 하셨던 말씀이 있다. 기계가 잘 작동하지 않으면 껐다가 다시 켜 보라는 것이었다. 그래서 586 컴퓨터 전원을 꺼 보기도 하고, 코드를 아예 뽑았다가 다시 연결하는 방식으로 해결을 시도하곤 했다. 이런 방법이 당시에는 거짓말처럼 잘 통했다. 오류를 직관적으로 해결할 수 있었고, 안 되면 서비스 센터에 맡기면 그만이었다. 그러나 요즘은 모바일 화면에서 주문 정보를 입력하다가 실수로 핸드폰 전원을 끄면, 지금까지 입력했던 정보가 모두 사라지고 처음부터 다시 시작해야 한다. 주변의 누군가에게 도움을 요청하기도 쉽지 않다. 고령 사용자들은 오류와 실수에 대한 부담감을 갖게 된다.

그래서 사용자가 수정할 수 없는 상황이라면, 그 이유를 쉽게 이해할 수 있도록 안내 메시지를 제공해야 한다. 예를 들어, 어떤 음식 배달 앱에서는 메뉴를 선택하고 결제 단계로 넘어가면 수령 장소를 더 이상 수정할 수 없다. 이는 해당 지역에서만 배달되도록 주소를 설정해 놓은 것이지만, 이런 제한이 어르신들에게는 직관적으로 전달되지 않는다. 고령 사용자는 앱을 이용해 집으로 배달을 시켰다가, 같은 앱으로 다른 모임 장소에서 배달을 시킬 때 음식 수령 주소를 어떻게 변경해야 할지 난감해하는 경우가 있다. 잘 안 되면 처음으로 돌아가서 다시 설정하거나 수정 버튼을 찾아야 하는데, 여기서부터 답답함을 느낀다. 수정 버튼이나 설정 메뉴를 쉽게 찾을 수 있고 수정이 가능한 시점과 불가능한 시점을 명확히 구분하는 직관적인 인터페이스 구성이 중요하다.

디지털 기기 사용과 관련해 어르신들로부터 실수할까 봐 염려된다는 말을 많이 듣는다. 뭔가를 잘못 누르면 돈이 빠져나갈까 봐, 일이 잘못될까 봐 두려움을 느끼는 것이다. 한국전쟁을 거치며 가난을 온몸으로 겪은 분들은 현재 자산의 정도와 관계없이 이런 관념이 있다. 이들이 대면 서비스를 선호하는 이유는 익숙함 때문만은 아니다. 내가 약간의 실수를 하더라도 사람이 직접 설명해 주고, 도와주고, 잘못된 부분은 바로잡아 줄 수 있기 때문이다. 하지만 지금의 인터페이스는 어떤가? 실수를 용납하지 않는다. 사용자가 뭔가를 실행하면 그대로 적용돼 버린다. 오류의 가능성을 허용하지 않는 것이다.

　　　　모든 것을 인터페이스로 대체할 수 있을까? 지금까지 말한 것은 대부분 어느 정도 기기를 사용할 수 있는 고령 사용자와 관련한 것이고, 앞서 언급한 문자를 학습하지 못한 이들에게는 해당하지 않는 내용이 대다수다. 또 와이파이 연결처럼 상용화된 기능도 피처폰을 사용하는 이들에게는 해당하지 않는다. 저소득층 어르신 중에는 집에 인터넷 공유기가 없는 이들도 있다. 금융 앱으로 계좌 이체를 하는 것이 물론 편리하지만, 버스를 타고 읍내에 있는 은행에 가서 몇 마디 대화도 하고 지인도 만나는 게 하루의 즐거움인 이도 있다.

　　　　그래서 우리는 인간적인 디자인을 이야기해야 한다. 이때 인간적이라 함은 사용자의 삶의 맥락을 깊이 이해하고 반영하는 것을 의미한다. 글자를 키우고, 화면을 단순하게 구성하는 것만으로는 충분하지 않다. 그것은 1차원적인 접근이다. 실제 사용자들에게는 수많은 변수와 배경이 있다. 그들의 공통적인 삶의 방식, 익숙했던 상호작용 패턴이 현재의 디지털 환경에서 어떻게 작동할 수 있을지, 이 지점에 대한 고민이 디자인의 출발점이다.

5장

선택권 Option과
자유의지 Freewill

포용적 설계의 궁극적 목표

Intro 살아 있다는 감각

"선택권 보장이죠."

장애인이 더 나은 생활을 하려면 우리 사회가 어떻게 변화해야 할지 물었을 때, 인터뷰이는 마치 준비했던 것처럼 단호하게 답했다. 그는 뇌성마비 장애인이다. 한쪽 손과 팔은 어느 정도 움직일 수 있지만, 하체로 자유롭게 이동할 수는 없다.

시장에 간다. 사고 싶은 물건을 산다. 이 얼마나 행복한 일인가.
- 중증장애인독립생활연대 홈페이지

선택권이란 무엇인가? 그것은 단지 여러 가지 중에서 고를 수 있는 권리만 일컫는 말이 아니다. 선택권에는 결정할 수 있는 자유, 결정한 것을 실행할 수 있는 조건, 원치 않을 때는 하지 않을 권리까지 포함된다. 즉 선택권은 삶의 주도권과 같다.

저녁 식사를 준비한다고 생각해 보자. 파스타를 먹고 싶다면 마트에서 마늘과 페페론치노를 사와 집에 있던 면을 삶아 요리한다. 요리가 귀찮다면 배달 앱으로 주문하는 방법이 있다. 근사한 분위기를 느끼고 싶다면 레스토랑에 가서 먹을 수도 있다. 나에게 가장 적합한 방식을 고르면 된다. 여기까지만 보면 선택권이 취향 정도에 해당한다고 생각할 수 있다. 그러나 조금 더 구체적인 일상생활로 들어가면 이야기는 달라진다.

시각장애인 고등학생이 공부하기 위해 시중의 학습지를 점역하여 점자 도서로 받으려면 짧게는 몇 달에서 길게는 1년까지 걸린다. 비장애인 학생들은 수능을 준비하며 여러 교재를 보고 인터넷 강의도 들을 수 있지만, 시각장애인 학생들은 원하는 때에 필요한 내용을 바로 학습하기 어렵다. 코딩을 공부하며 소프트웨어 개발자를 꿈꾸던 저시력 시각장애인 지인도 학습 장벽에 부딪혀, 지금은 헬스키퍼로 일하고 있다. 선택권은 취향이 아니라 한 사람의 미래이자 인생과 맞닿아 있다.

선택권은 생존과도 관련이 있다. 소리가 들리지 않는다면 상대방과 필담이나 문자로만 소통할 수 있다. 만약 119나 112에 신고해야 하는 상황이 닥친다면 어떻게 해야 할까? 생명을 지키기 위한 긴급 신고조차 허락되지 않는 셈이다.

내가 아는 휠체어 이용 장애인은 아파트 2층에 살고 있는데, 어느 날 화재 경보가 울렸다고 한다. 아침 7시가 채 안 된 시간이라 활동지원사가 오기 전이었다. 그는 강아지를 껴안고 '나는 문밖까지 나서는 데만도 오래 걸리는데, 꼼짝없이 죽겠구나' 하고 생각했다(다행히 오작동이라고 안내 방송이 나왔다고 한다). 불이 나면 엘리베이터를 탈 수 없는 그에게는 위급 시 대피를 위한 선택지 자체가 없다. 전화로 신고만 할 수 있을 뿐, 생명이 왔다 갔다 하는 상황에서조차 도움의 손길을 기다릴 수밖에 없다.

선택권 제약은 많은 경우 개인의 의지가 아닌 환경으로부터 온다. 그래서 포용적 설계는 각기 다른 상황을 고려해 여러 사람이 각자의 방식대로 선택할 수 있는 조건을 설계한다. 어떤 한 방식을 강요하지 않고 사용자가 주체적으로 결정할 수 있는 수단을 열어 둔다.

선택은 자유의지를 실현하는 통로다. 19세기 영국의 철학자 존 스튜어트 밀John Stuart Mill은 대표적인 저서 《자유론》에서 "자신이 선택한 것을 추구하도록 하는 것이 그 개인의 이익을 위해 최선이다"라고 말했다. 선택권은 곧 개인이 삶을 스스로 설계할 수 있는 권리다.

내가 만난 중증장애인 중 대다수는 하고 싶은 동작을 자유롭게 하는 데 제약이 있었다. 한 청년은 중증 근육병으로 손가락 몇 마디와 팔만 겨우 움직일 수 있다. 첫 만남에서 그는 손가락을 구부려 마우스 대신 마우스 패드로 커서를 움직였다. 그가 컴퓨터를 사용하려면 몸의 위치와 팔의 방향을 바꾸는 데 부모님의 도움이 필요했다. 전등을 켜고 끌 때도, 커튼을 치고 걷을 때도, 휠체어에 타고 내릴 때도, 씻을 때도 보호자와 함께였다.

그는 수십 년간 매번 이런 부탁을 해야 한다는 데 본인도 가족도 때로는 지친다고 말했다. 담담하게 이야기했지만, 사실 말끝에는 미안함이 역력했다. 가끔은 부탁하고 싶지 않아서 참는다고 했다. 그는 할 수만 있다면 되도록 많은 것을 혼자서 하고 싶어 했다.

     그래서 음성으로 핸드폰을 제어하는 방식에 매력을 느꼈다. 몸을 움직이지 않고도 전화를 걸고, 문자 메시지를 보내고, TV 전원을 켜거나 끌 수 있는 것은 어찌 보면 사소할 수 있다. 그러나 그에게는 '여전히 나는 움직이고, 행동할 수 있다'라는 자유의지를 실현하는 통로다. 타인의 도움 없이 스스로 행동하며 '살아 있다'는 느낌을 감각하는 것이다.

1   장애인 부부가
    양육하는 방법

시각장애인 부부와 양육

"아이 낳지 말고 너희 둘이 행복하게 살아."

결혼한 김민호(가명) 님이 부모님과의 식사 자리에서 들었던 말이다. 김민호 님 부부는 전맹 시각장애인이다. 앞이 전혀 보이지 않는다. 부모님은 자식이 아이를 키우면서 고생할 생각에 염려 차원에서 하신 말씀이겠지만, 부부는 오기가 생겼다. 장애인이라고 자식 낳지 말라는 법 있나? 현재 두 사람은 슬하에 두 자녀를 둔 부모로 행복하게 살고 있다.

장애가 있는 사용자 중에서도 기존에 잘 드러나지 않았던 사용자층의 경험을 연구하던 중 두 사람을 만났다. 내가 만난 기혼 시각장애인은 대개 부부 중 한 명은 비장애인이거나, 둘 다 저시력 시각장애인이었다. 전맹 시각장애인의 출산과 양육 경험을 두 사람에게서 처음 접했다.

　　　김민호 님 부부를 만나기 전에는 사실 상상이 가지 않았다. 아이를 기르다 보면 수유도 해야 하고, 기저귀도 갈아 줘야 하고, 울면 달래 줘야 하는 등 정말 손이 많이 간다. 한시도 눈을 뗄 수가 없다. 그런데 눈이 보이지 않는 상태로 어떻게 양육을 한단 말인가?

　　　주중에는 활동지원사가 상주했지만, 주중 저녁 시간이나 주말 양육은 온전히 부부의 몫이었다. 아이에게 갑자기 고열과 같은 이상 징후가 나타날 때는 수시로 체온을 확인해야 한다. 보통 시중에서 파는 체온계는 액정의 숫자로 정보를 전달한다. 그래서 이들은 음성으로 온도를 알려 주는 체온계를 어렵게 구해 사용했다.

　　　이유식을 먹일 때는 아이 입의 위치가 어디인지 정확히 구분하기 어려웠다. 아이 입술을 만지면서 가늠하거나 숟가락 대신 손으로 먹이기도 했다. 기저귀 갈기는 몇 번 해 보니 보지 않고도 할 수 있을 정도로 숙달됐다. 물론 약을 먹이거나 분유를 먹일 때 분량을 세심하게 가늠하는 것은 가장 어려운 부분이었다. 도구가 안 되면 손으로, 때로는 직감으로라도 어떻게든 육아를 해 나갔다.

　　　마음의 어려움은 아이의 성장과 함께 찾아왔다. 자라나는 아이는 무엇이든 궁금해한다. 부모가 앞을 보지 못한다는 것을 어느 때부터인가 아이가 인지하고 있음을

김민호 님이 붙여 놓은 세탁기 점자 스티커

부부는 느낄 수 있었다. 정확히 말하지 못하더라도 아빠의 손가락을 잡아끌고 책이나 TV 화면의 한 부분을 가리키기도 했다. 김민호 님은 그럴때마다 아이의 호기심을 적절하게 충족시켜 줄 수 없어 속상했다고 회상한다.

  부모라는 단어는 얼마나 강한 책임감을 품고 있는가? 자식을 생각하면 그 어떤 헌신도 마다하지 않는 것이 부모다. 아이에게 간단한 것조차 가르치지 못한다는 생각에 '내가 과연 부모가 맞나?' 하는 자책감마저 들었다. 그게 어느덧 십수 년 전의 일이다. 이 세월을 부부는 서로를 보완하는 노력과 때로 부모의 염려를 넘어서는 아이들의 가능성을 확인하며 함께 지나왔다. 부부에게는 타인의 도움이 없더라도 스스로 자식을 기르고자 하는 강한 의지가 있다.

자유의지 실현을 위한 정보 접근성

글자를 읽고 그 뜻을 아는 것뿐만 아니라 아이의 현재 위치나 행동, 손짓 등을 파악하는 것 또한 중요한 정보다. 김민호 님 부부에게 아이를 기르면서 가장 필요한 것을 물었을 때, 그들은 '누군가의 도움'이 아니라 '스스로 상황을 파악하고 판단할 수 있는 능력'이라고 답했다. 울고 있는 아이가 어디에 있는지, 아이가 손가락으로 무엇을 가리키고 있는지, 학교에서 가져온 알림장에 어떤 내용이 적혀 있는지를 알고 싶은 것이다. 수업 준비물이 무엇인지 알 수 있다면 아이의 학교 생활을 더 잘 지원할 수 있지 않겠는가? 수업에 따른 활동뿐 아니라 교육 전반에 도움을 주고 싶은 것이 부모의 마음이다. 문제는 이런 대부분의 정보를 눈으로 봐야만 파악할 수 있다는 데 있다.

정보 접근성 향상 측면에서 광학 문자 인식Optical Character Recognition, OCR 기능은 시각장애인에게 유용하다. 각종 문서나 이미지에서 글자를 추출해 읽어 준다. 김민호 님도 둘째 아이의 알림장 내용을 선생님이 사진으로 찍어서 보내 주면 OCR 앱에 파일을 올려 읽을 수 있어 훨씬 편리해졌다고 말했다. 아이들이 신생아였을 때는

김민호 님은 자녀와 함께할 수 있는 놀이를 생각하다가 점자가 있는 카드를 구했다.

확인하기 어려웠던 의약품 정보도 꽤 정확하게 이해할 수 있다.

OCR 기능은 객체 인식, 동작 추적 기술과 결합해 사용자가 가리키는 대상의 정보를 전달하는 방식으로 발전하고 있다. 2023년 9월 애플 iOS 17에서 새롭게 추가된 포인트 앤 스피크Point and Speak 기능은 OCR 기술의 흥미로운 사례다. 사용자가 손가락으로 가리키는 텍스트를 카메라로 인식하면 기기가 음성으로 알려 준다. 물론 아직까지 단어나 위치 인식에 대한 정교함은 더 보완해야 하지만 향후 글자 인식에 그치지 않고 주변 사물이나 색상 그리고 사용자가 가리키는 특정 물체의 기능이나 용도까지 설명할 수 있을 것으로 기대된다.

기술이 의미 있는 변화를 만들어 내려면 일상적인 순간들에 닿아야 한다. 김민호 님은 10년 전과 지금을 비교할 때 훨씬 많은 것을 스스로 할 수 있어서 좋다고 말한다. 이러한 변화가 돌봄의 가능성을 넓힌다. 기술이 사람과 사회를 이롭게 하는 방향으로 사용돼야 한다는 테크 포 굿Tech for Good의 지향점도 이런 것이 아닐까?

잘 보이는 디자인과 교감하기

이번에는 수어로 소통하는 이현경(가명) 님 부부를 만났다. 이들은 시각장애인 부부와는 또 다른 점에서 고군분투하고 있었다. 신생아는 자주 운다. 아이가 걷고 뛰기 시작하면 집 안 어디에선가 넘어지거나 부딪혀서 울고 있을 때도 있다. 그때마다 적절하게 상황을 파악하고 대응해야 하는데, 농인 부모는 아이가 시야에서 벗어나면 울고 있는지 알 수 없어 답답할 때가 많다.

이때 모바일 기기의 소리 인식 기능에 어느 정도 도움을 받았다. 울음을 감지해서 알람이 오도록 설정하면 아이가 큰 소리로 울 때 스마트워치와 핸드폰으로 신호가 온다. 울음이나 재채기 소리는 상대적으로 정확하게 인식하는 편이다. 물론 방향이나 위치까지 알려 주지는 않지만 말이다.

아이를 기를 때는 동화책을 읽어 주고 싶을 때가

많다. 이현경 님은 OCR 기능이 탑재된 인공 지능 램프를 활용해 아이에게 동화책을 읽어 준다. 센서 앞에서 동화책을 펼치면 기기의 목소리로 동화책을 읽어 주는 제품이다.

  발전하는 기술의 도움을 받으면서도 부모로서 마음이 편하지는 않다. 부부의 마음속에는 항상 '내가 직접 읽어 주고 싶다'라는 생각이 있다. 아이와 눈을 마주치며 소통하기를 원한다. 이현경 님은 "유용하지만 한편으로는 씁쓸한 마음이 있어요"라고 말했다. 마지못해 선택한 대안이기 때문이다. 인공 지능 램프에서 나오는 목소리를 부모가 알아들을 수 없어 답답한 순간도 있다.

  가장 좋은 방법은 뭘까? 부부는 수어라는 자신들의 제1언어로 동화를 읽어 주고 아이와 직접 소통하고 싶다고 말했다. 기술이 발전하더라도 부모를 대신할 수는 없다. 부모가 양육에 도움을 주는 기기를 사용할 때 원하는 바는 기술이 모든 걸 대신하는 것이 아니라 자신의 역할을 보조하고 확장하는 것이다. 완벽히 작동하는 기술이 있다고 하더라도 그 기술이 오래도록 자신들을 대신하기를 바라는 부모는 없을 것이다.

  영유아기나 초등 저학년 시기처럼 부모와의 스킨십과 소통이 중요한 시기에는 함께 책을 읽거나 대화를 나누는 시간이 아이의 관계 형성과 학습에 큰 영향을 준다. 아이가 혼자 학습할 수 있는 환경도 중요하지만, 부모와 함께 시간을 보내며 교류하는 경험은 그 무엇보다 깊은 의미가 있다. 장애 유무를 떠나 모든 부모는 아이에게 최선을 다하고 싶어 한다. 그렇기에 부모가 충분히 양육자 역할을 해낼 수 있도록 뒷받침하는 기술과 서비스가 필요하다. 부모의 손길이 더 멀리까지 닿을 수 있도록 말이다.

2   선택권 보장이
    포용적 사용자 경험을 만든다

선택지를 통해 동등한 경험 제공하기

"자동차를 이용해서 많이 걷지 않는 사람을 기준으로 도시를 조성하면 풍성한 도시 경험을 전달한다고 할 수 없습니다. 차량 승하차에 용이하고 빠른 이동에 적합한 환경이 되겠죠. 하지만 도시에는 참 다양한 사람들이 살고 있습니다. 저처럼 시각장애가 있는 사람도 있고, 유아차를 끄는 사람도 있고, 노인도 있어요. 다양성의 총집합이죠. 풍부한 경험을 전달하는 도시를 디자인하려면 직접 발을 땅에 딛고 걸으며 시각장애인들이 어떻게 걸어 다니고 도시를 이용할지 생각해 봐야 합니다. 결과적으로 훨씬 더 통합적이고 풍성한 도시 환경을 만들 수 있습니다."

－크리스 도우니, MSV 소셜임팩트 시리즈 02《직업》중

크리스 도우니의 말처럼 도시는 다양성의 총합이다.

도시에서 최상의 경험을 누릴 수 있는 주체가 비장애인, 그중에서도 오직 성인뿐이라면 도시는 얼마나 편협한 공간이 되겠는가? 사람들은 저마다 다른 방식으로 삶의 기쁨을 느낀다. 시각에 의존하는 사람이든 청각에 집중하는 사람이든 도시는 누구에게나 각자의 방식으로 기쁨과 편안함을 누릴 수 있는 공간이어야 한다. 모든 시민에게 최대한 동등하게 행복의 경험을 제공하는 도시, 그런 도시가 포용적인 도시다. 포용적 도시 기획은 결국 모든 사람의 삶과 경험에 담긴 아름다움에 귀 기울이고 말을 건네는 것이 아닐까?

 얼마 전 10년째 알고 지내는 특수학교 선생님과 함께 박물관에 방문했다. 이분은 전맹 시각장애인이다. 박물관은 새로 문을 연 곳으로 내부가 넓어서 장애인들이 이동하기에 꽤 괜찮아 보였다. 시각장애인은 박물관에서 어떻게 전시품을 관람할까?

　　　촉각을 활용해 작품을 직접 만져 볼 수 있는 전시는 일부이거나 여전히 드물다. 시각장애인 대부분은 오디오 해설이나 가이드의 설명에 의존해야 한다. 그런데 모든 전시품에 음성 해설이 제공되는 것은 아니다. 보통 박물관이나 미술관에서 제공하는 음성 해설은 대표적인 작품에 한정한다. 그날도 마찬가지였다. 나는 전시물 앞에 멈춰 서서 선생님께 작품 설명을 소리 내어 읽어 드리기로 했다.

'마법 빗자루 같기도 하고, 엄청 무거워 보이네. 혼자 들 수 있을까?'
위 사진의 '갈이 농기구'를 보고 순간적으로 들었던 생각이다.
호기심이 생겨 설명을 쭉 읽어 내려가 보니 용도와 관련한
내용이어서 '선생님은 이게 어떤 모양인지는 전혀 모르시겠는걸?'
하는 생각이 들었다.

꽤 많은 전시품의 간략한 정보가 글로 제공되고 있었지만, 선생님의 충분한 관람 경험에 도달할 만큼은 아니었다. 비장애인을 기준으로 작성한 문장은 물건의 역사나 용도, 의미를 설명하는 데는 적절했지만 그것을 직접 보거나 만질 수 없는 사람에게 필요한 감각적 정보는 충분히 담고 있지 않았다. 예를 들어, 구체적으로 어떤 모양이고, 재질이나 크기 또는 무게감이 어떠한지에 대한 설명은 부족했다. 가령 한 전시품의 설명에는 "도랑의 밭을 가는 데 쓰이는 기구"라고 적혀 있었는데,

그것만으로는 구체적인 형태와 크기를 떠올리기 어려웠다.

     선생님께 전시 설명문을 읽어 드렸지만, 눈으로 가늠해야 하는 전시품의 크기나 무게 등에 대해서는 제대로 설명하지 못했다. 돌이켜 보면 어떻게 말해도 내가 느꼈던 감흥을 전달하기는 어려웠을 것이다. 시각 정보가 주는 효과가 너무나 컸기 때문이다. 선생님은 현재 50대지만 20대 초반까지는 시력이 있었으니, 내 설명을 듣고 대략 쓰임새와 기능을 유추하셨다.

     전시 공간에서 시각 정보를 얻지 못하는 사람에게도 최대한 동일한 경험을 전달할 수 있을까? 시각과 촉각은 서로 다른 감각이어서 일대일로 비교하기는 어렵다. 여기서 말하는 경험은 곧 '경험의 총량'을 의미한다. 시각으로 정보를 얻는 사람, 청각으로 정보를 얻는 사람, 촉각으로 정보를 얻는 사람이 박물관에서 쌓는 '관람 경험의 총량'은 동일한 수준이 될 수 있을까?

     현실적으로 큰 편차가 존재한다. 어떤 사람은 시각, 촉각, 청각을 모두 사용해 풍성한 경험을 할 수 있지만, 청각에만 의존하는 관람객은 걸어 다니며 설명을 듣는다는 걸 제외하면 집에서 콘텐츠를 청취하는 것과 큰 차이가 없을 수도 있다. 박물관에서 제공하는 관람 경험이 공평하려면 청각이나 촉각을 통해서도 시각적 경험과 비슷한 깊이의 정보를 전달하는 방식이 필요하지 않을까?

    선생님과 박물관에 다녀온 이후 시각장애인 여러 명과 함께 미술관을 몇 차례 관람한 적이 있다. 동행인 중에는 전맹 시각장애인도 있었고, 저시력 시각장애인도 있었다. '관람의 모든 영역에서 비장애인과 동일한 수준으로 정보를 얻으리라고 기대하지는 않는다'라는 것이 동행인들의 공통 의견이었다. 요즘에는 집에서 앱으로 미술품에 관한 설명을 들을 수도 있지만, 어쨌거나 눈으로 그 미술품을 볼 수는 없으니까 말이다. '완벽한 접근성'이란 없으니 차선의 경험을 얻는 것에 만족한다는 말이었다. 당사자 입장에서 그런 말을 하니 의견을 덧대기가 조심스러웠지만, 관람 경험에는 분명 감각적 한계가 존재했다.

    그렇다면 경험의 방식보다는 경험에서 오는 기쁨의 총량에 초점을 맞추는 것이 낫지 않을까? 동등한 경험을 할 수는 없지만, 이런 경험을 최대한 전달하려고 노력하는 공간과 아닌 곳의 차이는 확실히 느낄 수 있다. 환대의 측면에서 말이다.

3   정보 인식은
   생존과 직결된다

시각 정보 전달과 개방감

최근에 가족과 호텔에 머물다가 문득 불안감을 느낀 적이 있다. 새벽 세 시쯤 잠에서 깼는데, 별안간 '불이 나면 어떻게 대처해야 하지?' 하는 생각이 들었다. 순간적으로 여러 경우의 수를 떠올렸다. '여기는 8층이고, 엘리베이터에서 내리면 왼쪽으로 돌아 첫 번째 방 810호다. 연기가 올라오면 정황을 파악한 뒤 샤워실 입구를 틀어막고 물을 틀어서 구조대가 올 때까지 기다릴까? 아, 그런데 비상계단 위치는 파악을 못 했는데, 어디에 있지? 아까 완강기가 두 개 있는 건 확인했는데 어떻게 써야 하지?' 하고 별의별 생각을 하느라 한 시간을 설쳤다. 그러다 헛생각 그만하자는 다짐과 함께 다시 잠이 들었고 무사히 일어났다.

　　위급 상황에 대한 대응은 크게 두 단계로 나눌 수

있다. 첫째, 상황을 신속하게 인식하는 것. 둘째, 그 상황에 빠르고 적절하게 대응하는 것이다. 신고 후 기다리거나 재빨리 안전한 장소로 이동하는 등 직관적인 판단이 필요하다.

사람들은 상황을 인식할 때 보편적으로 오감을 활용한다. 그중에서도 시각과 청각은 중요한 역할을 한다. 시각은 상황을 가장 직관적으로 판단하게 하는 요소다. 무려 초속 약 30만 km인 빛의 속도가 초당 340m인 소리의 속도보다 빠르듯, 시각 정보는 즉각적인 인식을 가능하게 한다.

하지만 대형 빌딩처럼 복잡한 실내 환경에서 정보를 얻을 때 청각은 시각보다 중요한 역할을 할 수 있다. 소리는 공간을 넘어 전달되기 때문이다. 이를테면 화재가 났을 때 발화점과 멀리 떨어져 있는 사람도 사이렌 소리로 상황을 인식할 수 있다.

그런데 소리를 전혀 듣지 못하는 사람이라면? 내가 만났던 농인 부부는 자던 중에 울린 화재 경보를 듣지 못했다고 한다. 청인인 아이가 소리가 난다고 알려 줘서 확인해 보니 오작동이었던 것으로 밝혀졌다. 당시에 깜빡이는 화재 경보기는 거실에만 있었고 부부는 안방에 있었다. 그렇다면 이런 상황에서 어떻게 정보를 얻을 수 있단 말인가?

로버트 니콜스가 설계한 그의 집은 수어 사용에 편리하도록
자연 채광을 극대화한 창문 설계가 특징이다. 또한 2층에서도
1층 공간이 시야에 잘 들어오도록 구성했다.

2022년 안전을 주제로 한 책을 만들면서 청각장애인의 안전과 관련한 설계에 인사이트를 얻기 위해 국제청각장애인건축가협회의 창립자 로버트 니콜스Robert Nichols를 만났다. 니콜스는 농인 당사자로, 줌 인터뷰에 ASL 통역사가 함께했다. 그는 귀로 듣지 못하는 사람들을 고려해 '시각으로 이해할 수 있는 공간'을 만든다고 강조했다.

니콜스는 자신의 집 주방에 화재 경보, 초인종 소리, 유선 전화 소리를 각각 다른 깜빡임 패턴으로 구분하는 조명 여러 개를 설치했다. 빛이 깜빡이는 속도와 길이에도 차등을 뒀다. 전화벨이 울리면 길고 느리게, 누군가 초인종을 누르면 짧고 빠르게 깜빡이는 식이다. 그는 농인의 거주 환경을 설계할 때 "디자인적으로 시각에 중점을 둬야 하고, 청각으로 확인할 수 없는 일들은 다른 감각으로 감지할 수 있어야 안전한 공간"이라고 강조했다.

깜빡임 패턴만으로 상황을 구분하는 건 쉽지 않으니 색깔과 같은 정보를 포함하는 것도 괜찮겠다는 생각이 들었다. 혹은 빛을 패턴화해 모양이나 배열의 차이로 구분하는 방법도 있을 것이다. 중요한 것은 시각 정보가 중심이 돼야 한다는 점이다.

하지만 시각 정보 전달과 인식은 공간의 제약을 많이 받는다. 주거 공간에서는 방으로 구획이 나뉘어 있어서 내가 머무는 구역 너머의 정보를 습득하기가 쉽지 않다. 다행히도 기술의 진보로 많은 농인이 스마트폰이나 스마트워치의 알람 기능을 유용하게 사용한다. 연기나 화재 경보, 아기 울음, 현관문 소리 등을 메시지나 진동 알람 방식으로 설정해 확인할 수 있다. 한 농인 인터뷰이는 가능하다면 모든 정보를 알람으로 받고 싶다고 말했다. "선별은 내가 알아서 할 테니 정보는 다다익선"이라고 강조했다.

공간의 구조적 측면에서는 어떨까? 나는 데프스페이스 디자인 원칙에서 그 힌트를 찾았다. 앞서 데프스페이스는 감각의 도달 범위가 넓은 공간을 지향한다고 밝혔다. 쉽게 말해 개방적인 공간을 추구한다고 할 수 있다. 시야를 가리는 요소를 최대한 줄이는 것이다. 마치 높은 곳에서 아래를 내려다보듯 조망의 범위가 넓게 트여야 한다. 만약 폐쇄된 공간이라면 투명한 창으로 가시거리를 확보한다. 구석진 코너는 둥글게 설계해 반대편에서 걸어오는 상대방을 미리 인지할 수 있게 한다.

3장에서 시민 참여의 기획 사례로 언급했던 오디도서관을 구조적인 관점에서 다시 살펴보자. 오디도서관의 실내는 가시거리를 잘 확보한 좋은 예다. 일반적인 도서관 열람실에서는 책장 사이로 진입하면 반대편이나 주변의 시야가 차단되는 경우가 많다. 공간

오디도서관의 서가는 4단으로 성인이 서 있을 때 실내 공간을 한 번에 조망할 수 있도록 했다.

특성상 한정된 구역에 최대한 많은 책을 수용하기 위한 서가 배열 때문이지만, 어쨌든 가시거리가 줄어드는 것은 사실이다. 그런데 오디도서관의 서가는 대부분 4단 높이에 불과해 평균 키의 성인이 서 있을 때 열람실 전체를 훤히 볼 수 있다. 또 도서관 한쪽 구석에는 오르막 구역이 있어, 마치 언덕 위에 올라가 바라보듯이 내부를 모두 확인할 수 있다.

  이런 시각적 개방감은 어린이를 위한 공간에도 유용하다. 낮은 서가로 개방된 공간에서는 거리가 조금 떨어져 있어도 어린이와 부모가 서로를 확인하면서 안심할 수 있다.

오디도서관의 정보 접근성 담당자인 사무 이브에 따르면 비상 상황 발생 시 실내에 설치된 여러 스크린으로 빠르게 위급 상황을 공지하고 대피 통로를 알릴 수 있도록 안전 대책을 설계했다고 한다. 즉각적인 대처로 인명 피해를 막기 위한 설계다. 귀로 듣지 못하는 사람들을 전제하고 제공하는 시각 정보는 그 외의 많은 사람에게도 혜택을 준다. 소음이 심한 공간이나 이어폰을 끼고 있는 상황처럼 청각 정보가 제한될 때도 시각적 안내는 효과적으로 작동한다. 또한 언어가 서툰 방문객이나 어린이에게도 시각 신호는 더 명확하게 다가온다. 결국 감각의 제약을 경험하는 사용자를 고려한 장치가 모두의 안전으로 확장되는 셈이다.

위급 상황에서 선택지 강화하기

농인들이 긴급 상황에 놓일 때 문자나 영상 통화 기능으로 메시지를 보내거나 수어로 도움을 요청할 수 있다. 하지만 생각해 보자. 화재나 교통사고 같은 위급 상황에서 침착하게 문자 메시지를 작성하기란 결코 쉽지 않다. 자판 하나하나를 터치하는 데 소요되는 그 짧은 시간조차 큰 변화를 불러일으킬 수 있다. 게다가 수어 통역사가 24시간 대기하는 신고 센터도 없다. 실시간 영상 통화 기능이 있어도 때를 가리지 않고 수어로 신고하기는 어렵다. 결국 농인은 위급 상황 대피에 더 취약할 수밖에 없다.

　　　엘리베이터에 갇히는 등 와이파이가 끊겨 고립됐다면 더욱 절망적이다. 문자 메시지나 수어로 신고하는 시스템은 반드시 빠르고 간편한 절차를 제공해야 한다. 문자 신고라면 사용자가 몇 번의 클릭만으로 신고를 완료할 수 있도록 미리 설정된 간단한 메시지 옵션을 제공하는 것도 효과적이다. 예를 들어 '화재', '응급 상황', '도움이 필요함' 등의 선택지를 화면해 표시해 신속하게 도움을 요청할 수 있게 해야 한다.

　　　복잡한 정보를 파악하기 어려워하는 사용자들을 위해서는 언어에 의존하지 않고 직관적으로 쓸 수 있는 인터페이스를 제공해야 한다. '직관적 인터페이스'라는 표현은 디자인 분야에서 상당히 자주 쓰인다. 쉽게 말해 보거나 만졌을 때 '즉각적으로 이해'할 수 있는 디자인을 말한다. 빨간색으로 커다랗게 엑스 표시를 하면 뭔가를 금지한다는 의미를 전달할 수 있는 것처럼 말이다.

　　　최근 인지장애 당사자들에게 작품의 제작 의도를 문장으로 설명했던 적이 있는데, 대부분 이해하는 데 어려움을 겪었다. 그런데 문장 대신 단어로, 단어보다 숫자나 색상으로 설명할 때는 훨씬 더 쉽게 의미를 받아들였다. 동그라미, 세모, 네모 같은 단순한 도형도 수월하게 구분했다. 이처럼 복잡한 설명 없이도 의미를 바로 파악할 수 있는 것이 직관의 핵심이다.

　　　안전은 선택의 문제가 아니라 보장돼야 하는 권리다. 위급 상황에서 그 권리를 행사하려면 신속히 선택할 수 있어야 한다. 사용자가 선택지를 보유할 수 있도록 직관적인 디자인을 만드는 것, 그것이 곧 모두를 위한 디자인이자 모두를 위한 안전이다.

4 인간의 존엄성을 향한 디자인

대피소와 인간의 존엄성

우리 사회에서 '디자인'을 떠올릴 때 어디에 초점을 맞춰 왔는지를 생각해 보자. '무엇이 좋은 디자인인가?'에 관해 수없이 많은 사람이 고민해 왔지만, '무엇을 위해 디자인해야 하는가?'에 관해서는 충분히 생각해 보지 않은 사람이 훨씬 많을 것이다. 디자인이라는 것 자체가 어쩐지 장식적이고, 멋을 부리는 것이며, 마치 나무의 기둥을 치장하는 가지나 잎처럼 여겨졌기 때문이다.

하지만 디자인은 인간 존엄의 가치와 맞닿은 창조적 발상이다. 내가 디자인의 본질에 대해 깊이 생각해 보게 된 계기는 우크라이나 건축가 슬라바 발벡Slava Balbek과의 인터뷰였다. 우크라이나가 전쟁의 아픔을 겪고 있는 가운데 슬라바 발벡은 건축가이자 디자이너로서 우크라이나 정부에 대피소 설계안을 제안했다. 그는

전쟁으로 무너진 마을을 살펴보고 있는 발벡 뷰로 팀의 모습

대피소의 건축 방향을 설명하면서 인간의 존엄성이라는 숭고한 주제를 이야기했다.

지난 2022년 러시아의 침공으로 우크라이나의 누적 난민은 1,000만 명을 넘어섰고 수만 명의 사상자가 발생했다. 유니세프 통계에 따르면 2022년 10월 기준 우크라이나 난민의 90%는 여성과 어린이이며, 이들은 남편과 아버지를 전쟁터에 보낸 아픔과 전쟁으로 인한 불안, 스트레스 등의 정신적인 어려움을 겪고 있다.[1]

슬라바 발벡은 우크라이나 키이우에 본사를 둔 건축 스튜디오 발벡 뷰로 Balbek Bureau를 운영한다. 2022년 가을, 그는 우크라이나 피난민을 위한 대피소를 건축하고 폭격으로 파괴된 마을을 재건하는 리우크라이나 프로젝트 Re:Ukraine Project를 진행하고 있었다. 인터뷰

약속을 며칠 앞두고 사무실 근처에 폭격이 있었음에도 그는 우리의 요청에 기꺼이 응했다.

  대피소는 어떤 곳일까? 비상시에 급하게 대피해야 하는 상황에서 비바람이나 추위 등을 피해 잠시 몸을 녈 수 있는 공간이다. 그래서 도심 한가운데에서 갑작스레 많은 인원을 수용해야 할 때는 대형 체육관에 대피소를 마련하곤 한다. 하지만 발벡 뷰로가 제안한 대피소는 조금 다른 맥락을 담고 있었다.

  그가 설계한 공간은 잠시 머물다 떠나는 곳이 아니라 계속되는 전쟁의 위협으로 거주지를 옮겨야 하는 사람들에게 최소 몇 달 이상 처소가 되는 곳이었다. 불안한 시간을 보내는 사람들에게는 최소한의 사생활을 보장하는 공간에서의 휴식뿐 아니라, 서로 어울리고 위로를 나눌 수 있는 장소도 필요하다.

  발벡 뷰로는 대피소에도 정서적 안정과 사회적 교류를 위한 공간이 중요하다고 판단했다. 대피소 앞마당에는 아이들을 위한 작은 놀이터와 이웃들이 자연스럽게 마주칠 수 있는 공용 공간을 마련했다. 사람들이 이곳에서 관계를 맺고 어울릴 때 심리적으로 회복될 수 있다고 믿었기 때문이다.

  설계에는 이동성과 재사용 방안도 고려했다. 우크라이나 남부에서 빠르게 조달할 수 있는 양질의

가건물이지만 함께 대화하고 소통할 수 있는 커뮤니티 지향적인 공용 공간을 제안한 발벡 뷰로의 대피소 디자인 콘셉트 이미지. 전 세계에서 구현된 20개 이상의 임시 주택 프로젝트를 분석한 후, 현실에 맞게 적용 가능한 모듈 형태로 구조물을 구상했다.

목재를 사용하고 레고처럼 집을 일부 해체해 다른
위치에서 재조립할 수 있는 모듈형 디자인을 적용했다.

"인간의 존엄성은 무슨 일이 있더라도 지켜져야 해요.
건물이라는 물리적인 환경뿐만 아니라 그곳에서 지낼 사람에
대한 고민이 동시에 이뤄져야 합니다. 따로 떨어뜨려 생각할
수 없는 문제예요. 인간의 사회성이나 정신 건강을 고려하지
않고는 건축이라는 개념이 존재할 수 없다고 생각해요."

-MSV 소셜임팩트 시리즈 04 《안전》 중

전쟁 속에서 지어지는 대피소에도 사람들이
사회적 관계를 맺고, 조금이나마 안정감을 찾을 수 있는
설계가 필요하다. "전쟁이 사람들의 집을 빼앗을지
몰라도 존엄성만큼은 빼앗을 수 없다"라는 그의 말은
깊은 울림을 줬다. 어쩌면 디자인의 본질이란 바로
이런 것이 아닐까. 절박한 순간에도 가장 소중한 가치를
놓치지 않는 것. 슬라바 발벡과의 대화에서 나는
디자인의 본질을 처음부터 다시 생각하게 됐다.

본질과 딜레마

영어 'Nudge'는 '팔꿈치로 슬쩍 찌르다' 또는 '주의를
환기하다'라는 의미다. 사람들의 결정과 행동 반응을

연구하는 행동과학 분야에서 자주 언급된다. 설계자가 만든 작은 요소가 마치 누군가 팔꿈치로 살짝 건드리는 것처럼 일상에서 우리의 행동을 부드럽게 이끌 수 있다는 것이다. 2017년 노벨 경제학상을 수상한 리처드 H. 탈러Richard H. Thaler와 법학자 캐스 선스타인Cass R. Sunstein의 공저 《넛지Nudge》는 "겉으로 보기에 사소한 요소라 할지라도 사람들의 행동 방식에 커다란 영향을 끼칠 수 있다"라는 메시지를 전한다.

최근 사용하고 있는 금융 앱에서 부정적인 넛지를 경험했다. 개인적으로 이 방식은 기업의 이윤을 높이는 데 적합하지만, 사람들의 건전한 소비 생활 혹은 투자 생활을 고려할 때는 '비윤리적'이라고 생각한다. 나는 주식 투자에 큰 관심이 없지만 평소에 자주 쓰는 제품을 생산하거나 좋아하는 서비스를 운영하는 기업의 주식은 조금 사 놓았다. 나이키나 핀터레스트, 해외 있을 때 유용했던 아마존 등의 주식이다. 주가 변동률은 아예 확인하지 않았다. 장기적 관점에서 구매한 것이라 한 20년간은 쳐다볼 생각이 없었다.

그런데 어느 때부터인가 금융 앱의 홈 화면에 투자 금액과 시세 변동률이 표시되기 시작했다. 입출금 통장의 내역이나 잔액은 설정을 바꿔 가릴 수 있지만, 투자 현황과 수익률은 숨길 수 있는 옵션이 없다. 앱을 켤 때마다 어제는 상승률이 몇 %였는데 오늘은 투자금이

반토막 났다는 등 내 의지와는 관계없이 변화 수치를 보게 된다. 주식 투자자가 어제오늘의 증감률 차이를 보면 어떻게 반응할까? 해당 탭을 클릭하고 빨갛고 파랗게 표시되는 현황을 살피면서 주식을 사거나 팔지 고민할 확률이 높아진다. 한 번이라도 더 주식을 생각하게 되니 평상시 생각에도 상당한 간섭이 일어난다.

   기업 입장에서는 좋을 것이다. 어쨌든 조금이라도 더 자사의 서비스를 활용하게 하는 발판을 만들었으니. 그러나 이는 사용자들에게 단기적 사고를 불러일으킨다. 단타로 수익을 올리고자 하는 사람들에게야 도움이 될 수 있지만, 장기적 관점에서 자산을 구축하고자 하는 사람에게는 전혀 필요 없는 기능이다. 매일의 주가 변동에 지나치게 관심을 기울이다 보면 충동 거래를 하게 될 수 있다. 계속되는 시세 확인은 돈에 대한 집착을 유발한다. 투자 현황을 자주 들여다보고 싶지 않은 사람들까지 영향을 받을 가능성이 커지는 것이다.

   홈 화면에 투자 금액과 시세 변동률을 표시하더라도 최소한 사용자가 가릴 수 있게 선택지를 뒀다면 나는 아마 이 글을 쓰지 않았을지도 모른다. 하지만 아무리 궁리해 봐도 설정을 바꿀 수 없었다. 고객센터에 해당 금액과 변동률이 표시되지 않게 할 수 있는 방법을 문의하자 "그런 방법은 없다"라는 답변이 돌아왔다. 홈 화면에서 계좌 잔액은 숨길 수 있는데 투자 금액과 변동률은 앱을 켤 때마다 무조건 봐야 한다니?

  해당 기업은 접근성에 상당한 공을 들이고 있고, 시각장애인들에게 꽤나 좋은 평가를 받고 있다. 그러나 이와 같은 디폴트 설정은 내게 부정적인 사용 경험으로 남았다. 기업의 이윤을 목표로 건전성을 잃을 가능성이 높은 행동을 사용자에게 유도한다고 볼 수밖에 없다.

  구글에서 디자인 윤리와 제품 철학Design Ethicist&Product Philosopher이라는 새로운 직함을 만들어 낸 트리스탄 해리스Tristan Harris는 기술 산업이 인간의 정신과 잠재력을 보다 의식적이고 윤리적으로 형성하는 데 도움을 줘야 한다고 말한다. 그는 어느 순간 지메일 알림이 수억 명 사용자의 집중을 방해하고 있다는 걸 깨달으면서 관점을 전환하게 됐다. 업무에 집중하고 있는데, 수많은 이메일 알림이 몰입을 방해하는 것이다.

  독일의 루트비히-막시밀리안 뮌헨대학교 연구진은 2023년 숏폼과 주의력의 상관관계에 관한 논문을 발표했다. 연구진은 19~34세의 성인 60명을 대상으로 실험을 진행했다. 참가자들은 먼저 컴퓨터 화면에 나타나는 글자가 실제 단어인지 아닌지를 빠르게 판단하는 과제와 특정 단어가 나오면 미리 약속한 행동을 기억해 실행하는 과제를 동시에 수행했다.

  그 뒤 10분 동안 각기 다른 조건에 따라 활동하도록

했다. 숏폼 형태의 콘텐츠를 보거나, 짧은 글 형태의 피드를 보거나, 동영상을 시청하거나, 아무것도 하지 않고 휴식하는 방식이었다. 이후 참가자들은 앞서 했던 것과 같은 과제를 다시 수행했다. 그 결과, 숏폼을 시청했을 때 미리 계획했던 행동을 기억하고 실행하는 능력이 유의미하게 저하됐다. 이는 짧은 순간 몰입하게 하는 동영상과 빠른 맥락 전환의 조합이 사용자의 주의력과 기억력에 부정적인 영향을 미친다는 것을 시사한다.[2]

한편 스마트폰 사용이 안전과 연관이 있음을 보여주는 연구도 있다. 캐나다 라이어슨대학교와 네덜란드 위트레흐트대학교 연구진이 2019년 발표한 논문에 따르면, 보행자가 교차로에서 도로를 건너기 전 대기 시간에 스마트폰을 사용하면 주변 교통 상황에 대한 인식이 감소해 상대적으로 위험한 상황에서 도로를 건너는 결정을 한다.[3]

사용자의 선택일 뿐 그게 무슨 상관이냐고 반문할 수도 있다. 하지만 트리스탄 해리스는 인간이 본래 완벽하지 않은 존재임을 지적한다. 그는 우리가 종종 유혹에 휘둘리고, 불리한 선택을 하기도 한다는 점을 상기시킨다. 그는 묻는다. "우리가 소중히 여기는 인간의 가치를 생각할 때, 기술의 미래는 어떤 모습이어야 하는가?" 그의 질문은 우리가 추구해야 할 '본질'이 무엇인지를 다시금 고민하게 한다.

심리학자 대니얼 카너먼Daniel Kahneman은 저서 《생각에 관한 생각Thinking Fast And Slow》에서 인간의 사고방식에는 두 가지 주요 시스템이 있다고 말한다. 한 가지는 자동 시스템이다. 익숙한 상황에서 거의 본능적으로, 혹은 무의식적으로 작동하며 경험과 편향에 기반해 판단한다. 또 다른 한 가지는 숙고 시스템이다. 논리적이며 의식적인 사고 과정을 포함한다. 신중한 판단과 분석을 바탕으로 결정하므로 많은 노력과 집중력이 동반된다.

자동 시스템에서는 개인의 경험에 따른 오류를 범할 수 있다. 하지만 건강한 넛지는 숙고 시스템을 통해 더 신중하게 결정을 내릴 수 있게 한다. 강제나 명령으로 선택의 자유를 침해하지 않으면서도 바람직한 방향으로 이끈다. 사용자가 더 '나은 결정better decisions' 혹은 더 '바람직한 방향desirable direction'으로 나아갈 수 있도록 유도하는 것이다.

기업에서 사용자 경험을 디자인할 때 이윤도 중요하지만 궁극적으로 사람들의 삶이 어떻게 나아질 수 있을지 깊이 고민해야 한다. 예를 들어, 사용자가 SNS에 푹 빠지면 계정 운영 기업으로서는 이익일 수 있지만, 사용자의 정신 건강과 장기적인 삶의 질을 고려한다면 기능적으로 휴식 시간을 마련하는 것이다. SNS를 사용하다가 일정 시간을 초과하면 화면이 차단되고 안내

메시지가 뜨도록 설정하는 시스템처럼 말이다. 결국
본질에 대한 고민이다. 사용자를 돈과 숫자에 집착하게 할
것인가, 아니면 인간의 삶에서 더 중요한 가치에 집중하게
할 것인가?

10%와 함께하는 디자인 Design with 10%

자신의 의지대로 선택하고 스스로 행동하려는 것은
인간의 본능이자 권리다. 앞서 소개한 근육병이 있는
청년은 손목만 간신히 움직일 수 있어서 키보드 앞에 앉을
때마다 어머니를 불러야 했다. 그래서 그는 가능한 한
많은 것을 혼자 할 수 있기를 바랐다. 보이스 어시스턴트
기능을 이용해 목소리로 메시지를 보내고, 인공지능
스피커로 TV를 작동하는 것처럼 일상에서 할 수 있는
영역들이 더 넓어지길 원했다.

왜 하반신마비장애인이 혼자 차를 운전할까?
왜 류머티즘으로 거동이 불편한 사용자가 활동보조사의
도움을 받지 않고 스스로 몸을 일으켜 앉아 요리할까?
왜 휠체어 이용자가 주방의 모든 조리 기구를 자신의
신체에 맞춰 설계했을까?

누구에게나 땀 흘려 일하는 즐거움이 존재한다.
디자인은 자유의지에 따라 선택하고 가능성을 발휘하는
삶을 실현하게 할 수 있다. 이는 디자이너만의 몫은

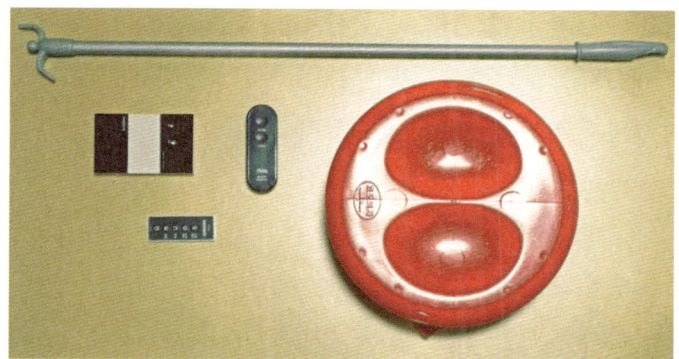

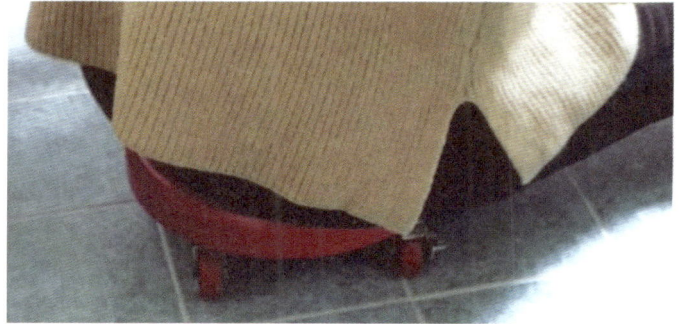

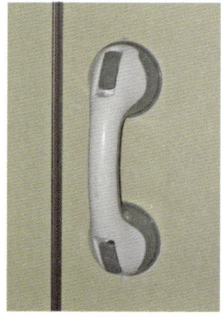 

류머티즘으로 좌식 생활을 하는 사용자가 버튼을 누를 때 이용하는 막대기, 현관문을 여닫기 위한 리모컨, 화장실에서 이동을 돕는 효도 의자. 근육병으로 움직이기 어려운 사용자가 일어설 때 사용하는 손잡이 그리고 하반신 마비인 사용자가 조작하는 핸드 컨트롤러. 이러한 도구는 무엇을 상징하는가?

아니다. 기획자, 마케터, 정책 입안자를 비롯한 모든 시민이 포용적인 삶을 가능하게 하는 설계자가 되어야 한다. 각자의 자리에서 가능성을 상상하고 제안하고 시도할 때 세상은 변화할 수 있다.

그렇다면 어떻게 할 것인가? 이 책의 접근법을 따라 행동에 옮겨 보자. 먼저, 기준점을 생각한다. 제품, 서비스, 공간과 관련한 프로젝트를 준비하고 있다면 비슷한 상황에서 배제됐던 사용자들의 경험을 되짚어 보고 이들의 관점과 필요를 반영할 계획을 수립한다. 이미 진행 중인 프로젝트의 기준점도 다시 점검하고, 소외된 사용자가 없는지 살핀다. 프로젝트가 끝난 이후에도 여전히 제약을 경험하는 사람이 없는지 확인하고, 만약 있다면 이들의 의견을 지속적으로 수렴한다.

눈에 보이는 것 너머의 숨겨진 요소까지 포용적 설계의 범위로 고려해야 한다. 디자인한다는 것은 단순히 보이는 것을 만드는 일이 아니다. 진정으로 사람의 경험을 만족시키려면, 보이지 않는 상호작용까지 디자인해야 한다. 앞서 이야기했듯이 환대받지 못하는 차가운 시선에서 장벽을 느끼는 사람들이 있다. 그렇다면 이런 경험을 겪어 온 사람들과 함께하며 보이지 않았던 요소들을 찾아내야 한다.

"90%를 위한 디자인Design for 90%"이라는 말이 있다. 미국의 쿠퍼 휴잇 스미스소니언 디자인 박물관Cooper-Hewitt

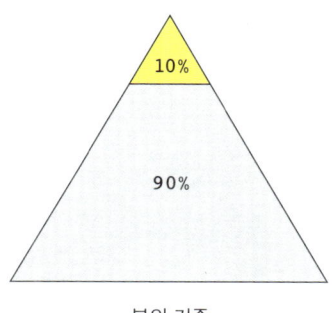

Smithsonian Design Museum에서 2007년 기획한 전시의 주제다. 10%의 부유한 사람들을 위해 고급스러운 디자인에 치중하는 것이 아니라 상대적으로 열악한 환경에 놓인 90%를 위해 생존과 평등, 교육, 위생 등에 초점을 맞춰 디자인하자는 뜻이다. 여기서 90%와 10%는 '부'라는 하나의 축으로 나뉜다. 소수의 10%가 꼭대기에 있고 다수의 90%가 그 아래에 있는 피라미드 구조다.

   나는 '10%와 함께하는 디자인Design with 10%'을 제안한다. 이는 앞서 언급한 90%를 위한 디자인에서 나머지 10%에 속했던 숫자와 동일하지만 다른 개념이다. 감각의 스펙트럼을 하나의 수평축으로 삼을 때 이 축의 가운데에는 보편적인 감각을 지닌 90% 정도의 사람들이 있다. 두 다리로 걷고 두 팔을 사용하거나, 시력·청력으로 정보를 얻을 수 있는 사람들이다.

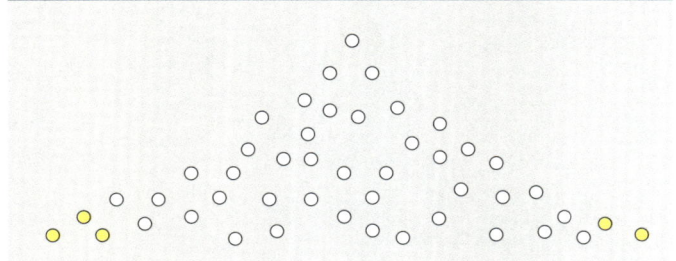

감각의 스펙트럼

반면 10%는 감각 스펙트럼 축의 양 끝에 있는 사람들이다. 앞을 보지 못하거나, 양팔을 쓰지 못하거나, 글을 읽지 못하는 사람들이다. 시력이나 청력으로 정보를 얻는 대신 촉각, 후각 등 다른 감각을 더 적극적으로 사용하는 사람들이다. 이런 10%를 반드시 참여시켜 디자인하고 설계할 것을 권한다. 이들은 언제나 존재했다. 다만 지금까지 기획의 영역에서 거의 고려되지 않았을 뿐이다. 이들을 우선순위에 두고 개발하면 전혀 다른 발상으로 접근할 수 있다. 10%를 만족시킬 수 있다면, 90%의 스펙트럼 역시 자연스럽게 만족시킬 수 있다.

그리고 공통점을 찾는다. 신체적·정신적 지원이 필요한 사용자들과 그렇지 않은 사용자들 사이에서 균형점을 찾는 것이 중요하다. 설령 특정 장애 당사자를 위해 서비스를 기획한다고 하더라도, 장애가 있는 사람들의 감각과 특성 역시 하나로 정의되지 않는다. 비장애인이 그러하듯이 장애인 역시 각기 다른 다양한 스펙트럼 위에 존재한다. 그렇기에 감각의 다양성을 고려하며 공통점을 발견해 나가야 한다.

궁극적인 목표를 생각한다. 우리의 목표는 선택권을 제공해 사용자가 자유의지를 실현할 수 있게 하는 것이다. 여기서 자유의지란 막연한 의지적 행동이 아니다. 사용자가 유·무형의 제품과 서비스를 통해 자신의 선택을 실현할 수 있도록 하는 것, 바로 그것이 우리가 설계에서 염두에 둘 자유의지다.

구체적인 실행은 할 수 있는 것부터 점진적으로 해야 한다. "소금을 직접 넣을 수는 없지만 소금의 양은 결정할 수 있다." 자립이란 무엇인지 물었을 때 한 뇌병변장애인은 이렇게 답했다. 이 말은 자신이 직접 요리해서 간을 맞추겠다는 뜻이 아니다. 활동지원사에게 음식의 간을 세게 할지, 약하게 할지를 요청하는 것처럼 구두로 자신의 선택을 전달할 수 있다는 의미다. 물론 손을 쓰지 않아도, 누군가의 도움을 받지 않아도 원하는 요리를 스스로 즐길 수 있는 경험도 언젠가는 가능할 것이다. 하지만 지금 당장 현실적으로 가능하지 않다면, 하나씩 선택권을 늘려 가는 접근이 중요하다.

이런 생각을 바탕으로 음식 관련 앱을 기획하는 사람이라면 간을 조절할 수 있는 탭을 만들 것이다.

거기에 음식의 경도를 선택할 수 있는 탭도 하나 추가하면 된다. 그리고 시각을 사용하지 못하더라도 이런 선택이 가능하도록 설계한다. 처음부터 완벽한 접근성에 도달할 수는 없다. 점진적으로, 하나씩 가능성을 더하며 보완을 거듭해 가는 것이다.

　　모든 문제를 디지털 솔루션으로 끼워 맞추려는 방식은 지양해야 한다. 꼭 인공지능을 비롯한 최신 기술이 아니어도 해결할 수 있는 문제들이 있다. 한 특수교사와 대화를 나눌 때였다. 특수학급 아이들을 데리고 어떤 기관에 방문할 때면 갑자기 오면 곤란하니 미리 연락하라고 핀잔을 받는 일이 많다고 했다. 기관의 신청 절차에 방문객의 장애 여부를 묻고 고려하겠다는 안내가 없었는데도 말이다.

　　하지만 어떤 공간에서는 방문 신청서에 방문 인원의 장애 유무를 표시하기만 하면 됐다. 그뿐이다. 추가적인 절차도 없고, 그에 맞는 지원 인력이 배정되고, 우선순위로 예약이 접수된다. 선생님은 그런 곳을 방문할 때가 가장 기분이 좋았다고 말했다.

　　이것은 기술적인 해결책과는 관련이 없다. 단지 신체적·정신적 특성과 무관하게 누구나 언제든지 방문할 수 있도록 하겠다는 내부 운영 방침이 있었기 때문에 가능했던 일이다. 복잡한 절차 대신 구조를 단순화한 결과다. 우리가 이런 노력에 진정성을 담길 바란다. 시혜적 시선으로, '정상'이라는 범주에서 '비정상'을 배려하는 것이라고 생각한다면 차라리 하지 않는 편이 낫다. 모두를 위한 디자인의 목적은 잠깐의 이벤트를 만드는 데 있지 않다. 진심으로 사용자의 목소리에 귀를 기울이고, 변화의 순간을 쌓아 가는 데 있다. 크리스 도우니가 말했듯 누군가의 삶을 생동감 있게 만들려는 노력으로 변화는 실현된다. 그것은 오직 꾸준함에서 나온다.

미주

1장 | 기준점

1. Gendered Innovations. n.d. Inclusive Crash Test Dummies: Analyzing Reference Models. Stanford University. Accessed May 6, 2025. https://genderedinnovations.stanford.edu/case-studies/crash.html.
2. Bose, Dipan, Maria Segui-Gomez, and Jeff R. Crandall. 2011. "Vulnerability of Female Drivers Involved in Motor Vehicle Crashes: An Analysis of US Population at Risk." American Journal of Public Health 101, no. 12: 2368-2373.
3. National Highway Traffic Safety Administration. 2025. "NHTSA's Crash Test Dummies." Accessed May 24, 2025. https://www.nhtsa.gov/nhtsas-crash-test-dummies.
4. Carlsson, Anna. "Addressing Female Whiplash Injury Risks: A Step Towards Gender Equality in Crash Safety." In Proceedings of the International Research Council on the Biomechanics of Injury (IRCOBI), 2021: 180-198. https://www.ircobi.org/wordpress/downloads/irc21/pdf-files/2126.pdf.
5. Forman, Jason L., Gerald S. Poplin, C. Greg Shaw, Timothy L. McMurry, and Kristin M. Schmidt. 2019. "Automobile Injury Trends in the Contemporary Fleet: Belted Occupants in Frontal Collisions." Traffic Injury Prevention 20 (6): 607-612. https://doi.org/10.1080/15389588.2019.1632441.

6	Deep sea diving… in a wheelchair	Sue Austin, TED https://www.youtube.com/watch?v=PCWIGN3181U.

2장 | 숨겨진

1	https://www.cdc.gov/ncbddd/disabilityandhealth/infographic-disability-impacts-all.html.
2	공황장애 진료, 5년간 44.5% 증가…40대 환자 가장 많아, 〈메디칼업저버〉, 2023. 04. 14.
3	ADHD 환자 10만명 넘었다…5년 사이 92% 폭증, 〈메디컬타임즈〉, 2023. 03. 02.
4	김세경, 《지하철이 무섭다고 퇴사할 순 없잖아》, 가나출판사, 2021, 25쪽
5	킴 닐슨, 김승섭 역, 《장애의 역사》, 동아시아, 2020, 34쪽
6	National Health Service (NHS). "Dyslexia." NHS, last reviewed July 6, 2023. Accessed May 26, 2025. https://www.nhs.uk/conditions/dyslexia/
7	International Dyslexia Association. "Dyslexia Basics." International Dyslexia Association. Accessed May 26, 2025. https://dyslexiaida.org/dyslexia-basics/

3장 | 참여

1	Borland, Ralph. Radical Plumbers and PlayPumps: Objects in Development. PhD diss., University of Cape Town, 2011. Department of Electronic and Electrical Engineering.
2	FRONTLINE/World. "Troubled Water." PBS. Accessed May 12, 2025. https://www.pbs.org/frontlineworld/stories/southernafrica904/video_index.html.
3	UNICEF, An Evaluation of the PlayPump® Water System as an Appropriate Technology for Water, Sanitation and Hygiene Programmes(New York: UNICEF, October 2007).
4	Bruce Wydick, Elizabeth Katz, and Brendan Janet. "Do In-Kind Transfers Damage Local Markets? The Case of TOMS Shoe Donations in El Salvador." Journal of Development Effectiveness6, no. 3 (2014): 283-293. https://doi.org/10.1080/19439342.2014.919012.
5	https://www.pref.ishikawa.lg.jp/kenju/bf-tebiki/index.html

6 Deepti Bhatnagar, Animesh Rathore, Magui Moreno Torres, and Parameeta Das Kanungo, Participatory Budgeting in Brazil, Working Paper No. 51418 (Washington, DC: World Bank, January 1, 2003), https://documents.worldbank.org/en/publication/documents-reports/documentdetail/496361468770687313/participatory-budgeting-in-brazil.
7 Participedia, "Participatory Budgeting, Porto Alegre, Brazil," last modified April 20, 2021, https://participedia.net/case/5524.
8 《셰익스피어 4대 사극》, 윌리엄 셰익스피어, 이태주 옮김, 푸른사상, 2021, 408~409쪽.

4장 | 공통점

1 Ruth Webber, Vanessa May, and Camilla Lewis, "Ageing in Place over Time: The Making and Unmaking of Home," Sociological Research Online 27, no. 1 (March 2022): 162–177. https://doi.org/10.1177/13607804221089351.

5장 | 선택권과 자유의지

1 UNICEF. Ukraine and Refugee Response: Consolidated Emergency Report 2022. New York: UNICEF, 2023. https://open.unicef.org/sites/transparency/files/2023-05/Ukraine%20Refugees%20CER%202022.pdf.
2 Chiossi, Francesco, Luke Haliburton, Changkun Ou, Andreas Butz, and Albrecht Schmidt. 2023. "Short-Form Videos Degrade Our Capacity to Retain Intentions: Effect of Context Switching On Prospective Memory." In Proceedings of the 2023 CHI Conference on Human Factors in Computing Systems (CHI '23), April 23-28, 2023, Hamburg, Germany. New York: ACM. https://doi.org/10.1145/3544548.3581074.
3 Kalatian, Arash, Anae Sobhani, and Bilal Farooq. 2019. "Analysis of Distracted Pedestrians' Waiting Time: Head-Mounted Immersive Virtual Reality Application." Collective Dynamics 4: 1–10. https://doi.org/10.17815/CD.2020.32.

이미지 출처 및 소장처

27	ⓒMSV 소셜임팩트 시리즈 01《이동》
28	ⓒMSV 소셜임팩트 시리즈 01《이동》
29	ⓒMSV 소셜임팩트 시리즈 01《이동》
30	ⓒMSV 소셜임팩트 시리즈 01《이동》
35	ⓒChibi Moku
36	ⓒ미션잇
40	ⓒSue Austin
44	ⓒ미션잇
46	Shutterstock
49	ⓒGuide Beauty
53	Getty Images
59	ⓒSvigals+Partners
61	ⓒSvigals+Partners
63	ⓒSvigals+Partners
68	ⓒJeremy Bittermann
83	ⓒ미션잇
85	ⓒ미션잇
90	ⓒ미션잇
91	ⓒ미션잇
96	ⓒAirbnb
105	ⓒ미션잇
110	ⓒ미션잇
114	ⓒFreethink
115	ⓒFreethink

117	ⓒMSV 소셜임팩트 시리즈 04 《안전》
118	ⓒRichard Dougherty
120	ⓒRichard Dougherty
125	ⓒFabio Traina(Unsplash)
132	ⓒPlaypumps International
139	ⓒJeremy Perkins(Unsplash)
146	ⓒSEAlab
147	ⓒSEAlab
148	ⓒSEAlab
151	ⓒSEAlab
153	ⓒSEAlab
156	ⓒIshikawa Prefecture Library
160	ⓒIshikawa Prefecture Library
164	ⓒKuvio
166	ⓒJonna Pennanen
169	ⓒOmaStadi
175	ⓒHorniman Museum
179	ⓒHorniman Museum
183	ⓒNational Park Service
184	ⓒNational Park Service
185	ⓒNational Park Service
189	ⓒGlazer Children's Museum
190	ⓒGlazer Children's Museum
202	ⓒBe Advice, De Hogeweyk, Vivium Zorggroep
203	ⓒBe Advice, De Hogeweyk, Vivium Zorggroep
205	ⓒBe Advice, De Hogeweyk, Vivium Zorggroep
209	ⓒHelsingborgshem
213	ⓒHelsingborgshem
220	ⓒ미션잇
222	ⓒ미션잇
224	ⓒ미션잇
225	ⓒ미션잇
233	ⓒMSV 소셜임팩트 시리즈 05 《시니어》
235	ⓒMSV 소셜임팩트 시리즈 05 《시니어》
237	ⓒMSV 소셜임팩트 시리즈 05 《시니어》
249	ⓒ미션잇
251	ⓒ미션잇

257	ⓒ김병수
262	ⓒRobert Nichols
265	ⓒKuvio
270	ⓒBalbek Bureau
272	ⓒBalbek Bureau
281	ⓒmsv 소셜임팩트 시리즈 01《이동》

모두를 위한 디자인은

1판 1쇄 발행일 2025년 9월 29일

지은이 김병수

발행인 김학원
발행처 (주)휴머니스트출판그룹
출판등록 제313-2007-000007호(2007년 1월 5일)
주소 (03991) 서울시 마포구 동교로23길 76(연남동)
전화 02-335-4422 **팩스** 02-334-3427
저자·독자 서비스 humanist@humanistbooks.com
홈페이지 www.humanistbooks.com
유튜브 youtube.com/user/humanistma
페이스북 facebook.com/hmcv2001
인스타그램 @humanist_insta

편집주간 황서현 **편집** 김나윤 이영란 **디자인** 차민지
조판 아틀리에 **용지** 화인페이퍼 **인쇄·제본** 정민문화사

ⓒ 김병수, 2025

ISBN 979-11-7087-381-5 03300

- 이 책은 저작권법에 따라 보호받는 저작물이므로 무단 전재와 무단 복제를 금합니다.
- 이 책의 전부 또는 일부를 이용하려면 반드시 저자와 (주)휴머니스트출판그룹의 동의를 받아야 합니다.